ISBN:1532990685
ISBN-13:978-1532990687
Attestation de dépôt n° : 000171744

TABLE DES MATIÈRES

PRÉFACE

Depuis que l'Homme est Homme, l'intelligence humaine n'a cessé de concevoir, de développer et de mettre en œuvre des systèmes.

Quel que soit le nom qu'on leur donne. Qu'il s'agisse de systèmes politiques, d'organisations, d'entreprises, d'institutions, d'équipes, de groupes ou encore de collectivités diverses, une seule constante, des hommes et des femmes qui, chacun à leur niveau et dans le rôle qui est le leur, en sont la pierre angulaire.

Les processus, les procédures, les modèles opérationnels, les modes opératoires et autres organigrammes n'existent que parce que ces hommes et ces femmes leur donnent vie. Mais pas uniquement, ils leur donnent également du sens.

Là où en tant qu'être humain, nous sommes en quête de sens, il nous appartient dans nos milieux professionnels de donner du sens à nos missions et activités.

Le déficit de sens dont souffrent de nombreuses entreprises et autres organisations, amène le plus souvent les managers sur la voie de la transformation organisationnelle, perçue comme la seule issue pour renouer avec le profit et, cerise sur le gâteau, accroître durablement l'efficience tant recherchée, parfois au détriment du sens perdu!

Nul manager n'ira à l'encontre de la nécessité pour son entreprise, qu'elle soit privée ou publique, d'évoluer et de se questionner en permanence. Bien au contraire. Mais beaucoup trop peu de managers aujourd'hui encore investissent dans une gestion coordonnée et humaine du changement.

Une gestion "*coordonnée*" car le changement ne se décrète pas autour d'une table de Comité de Direction ... il se prépare, il s'anticipe et se gère comme un programme à part entière avec des objectifs et des moyens pour les atteindre.

Une gestion "*humaine*" car le changement passe avant tout par des hommes et des femmes.

Et si les cinq clés que Jean-Louis Pire nous révèle dans cet ouvrage n'en étaient qu'une et une seule, celle d'une gestion plus humaine des organisations ?

Yves Magnan

Directeur Général Adjoint du FOREM

1. INTRODUCTION

Globalisation, fusion, acquisition, délocalisation, ... l'instabilité de l'environnement économique, la complexité accrue des cadres réglementaires, la pression sur les coûts, l'évolution technologique qui favorise l'émergence de nouveaux comportements clients ainsi que l'apparition de nouveaux concurrents,... Il s'agit là autant de facteurs externes qu'internes qui constituent à présent la réalité quotidienne des entreprises et qui justifient pour ces dernières l'absolue nécessité de dorénavant transformer les organisations en permanence, afin de pouvoir espérer continuer à croître, développer leur performance, voire même simplement survivre.

Dans ce monde en constante ébullition, les entreprises doivent donc désormais faire preuve d'une flexibilité et d'une vitesse d'adaptation sans cesse grandissantes.

Pourtant, lorsque j'étais appelé à intervenir en mission de conseil en accompagnement du changement, il m'est régulièrement arrivé d'être confronté à un programme de transformation qui avait déjà été initié depuis de nombreuses semaines, alors que la question même du dispositif d'accompagnement du changement n'avait toujours pas été évoquée.

Même si l'expérience démontre qu'au plus tôt celui-ci est en place, aux plus grandes sont les chances de succès de la transformation, force est de constater que les entreprises ont souvent tendance à le négliger, voire à le mettre trop facilement en œuvre, en simple prolongement de la gestion classique des programmes de transformation. Il s'agit là d'une des causes majeures de leurs échecs... Et par voie de conséquence, la perte rapide d'un leadership historique et à priori incontestable n'a jamais été aussi probable que de nos jours. Songez à BlackBerry ou à Nokia qui n'ont pas réussi dernièrement à intégrer le smartphone, tout comme Kodak qui n'avait pas su non plus à l'époque négocier le virage de la photo numérique. Pour ma part, je pense que dans les années à venir, l'avènement du digital va certainement faire de nouvelles « *victimes* », notamment dans le secteur des grandes institutions financières qui font dorénavant face à de nouveaux concurrents venus du monde numérique, lesquels démontrent une bien plus grande agilité.

Bien que le changement soit omniprésent, nombreux sont les dirigeants et responsables des programmes de transformation qui admettent se sentir aujourd'hui encore bien souvent démunis face à la mise en œuvre effective de celui-ci au sein de leur propre entreprise. Qu'elles soient privées ou publiques, de grande taille ou non, actives dans le secteur du service ou de la production industrielle, les entreprises se verront plus ou moins fortement secouées dans leurs croyances et leurs repères en vivant ou en s'apprêtant à vivre un changement. La capacité à s'adapter à un environnement toujours plus complexe, instable et turbulent, constitue désormais pour elles une nécessité fondamentale en vue de garantir leur pérennité. Cela doit se traduire notamment par des objectifs d'adaptabilité, de flexibilité, d'auto-gouvernance, que les entreprises de plus en plus « *libérées* » ont à présent tendance à se fixer. Et à ce titre, la gestion du changement est également devenue une partie intégrante de leur stratégie globale.

Et pourtant ...

« *...Rien n'est permanent, sauf le changement...* »

Héraclite

... Cette citation a plus de 2.500 ans ... !!! N'y a-t-il donc rien de neuf sous le soleil depuis ???

Ce qui a bien évidemment fortement changé de nos jours par rapport à l'époque de cet éminent philosophe, c'est la densité des changements ainsi que le rythme auquel ils se succèdent. Car on observe depuis quelques années déjà un phénomène d'accélération quasi exponentielle de ceux-ci. Souvenez-vous de la vitesse d'évolution du secteur agricole (qui a duré plusieurs décennies), et puis par après de celle du secteur industriel (un peu plus rapide déjà)... Pourtant celles-ci ne sont en rien comparables avec la rapidité de la révolution numérique que nous vivons actuellement. Et qui plus est, alors que le temps semble déjà s'être compressé, le besoin de « *rentabilité immédiate* » impose également à l'économie de suivre le rythme effréné des marchés financiers qui semblent désormais être hors de contrôle.

Qu'il s'agisse de la mise en œuvre d'un nouvel outil de travail, d'une révision des processus de gestion opérationnelle, du passage d'une structure hiérarchique à une structure matricielle, d'une fusion ou d'une acquisition, du déploiement d'une nouvelle stratégie de croissance, de la centralisation ou de la délocalisation d'activités, d'un changement d'actionnaire, d'un changement de culture d'entreprise (comme passer d'une culture orientée produit à une culture orientée client), le changement est permanent et impacte de façon plus ou moins forte tous les individus dans leur fonctionnement quotidien. La nouveauté n'est donc pas le changement en tant que tel, mais bien sa nature endémique !

Or, en poursuivant une telle courbe exponentielle, il existe un véritable risque de désaligner la vitesse des changements clés pour l'entreprise et la capacité des individus à les absorber. Puisque je citais Héraclite, on pourrait initier un débat philosophique sur le côté tout à fait « *déraisonnable* » de ce phénomène, et notamment sur cette logique de croissance infinie, alors même que nos ressources naturelles s'épuisent par manque d'une gestion responsable. J'ai l'intime conviction que nous ne pourrons pas poursuivre longtemps encore d'une telle façon. Et notamment parce que le facteur le plus limitant de cette croissance pseudo infinie est l'homme lui-même, et son incapacité à supporter un rythme aussi soutenu (la technologie ne connaissant pas cette limite). À ce sujet, des études récentes démontrent que de nos jours, on observe un véritable « *excès de changement* » qui mène inévitablement à une saturation de la capacité des individus à s'approprier les nouveaux schémas proposés.

Il est par ailleurs flagrant de constater à quel point le terme « *changement* » peut être vécu de façon négative dans le monde du travail, n'étant désormais plus considéré comme une véritable source de progrès pour l'entreprise ni pour les individus qui la composent, mais plutôt comme une menace.

En France, il ressort d'une enquête menée en 2014 par le cabinet Technologia (il s'agit d'un cabinet spécialisé qui a accompagné entre autres l'ex « *France Télécom* » après la vague de suicides survenus entre 2008 et 2009) que 12,6 % des personnes actives professionnellement encourent un risque de burn-out (caractérisé par un travail excessif et compulsif), ce qui, rapporté à l'ensemble de la population en France, porte le nombre de personnes potentiellement concernées à plus de 3,2 millions d'actifs. Plus récemment encore, le cabinet Mercer a publié que 2015 fût l'année de tous les records en nombre d'opérations de fusion-acquisition, mais également en nombre d'échecs, principalement provoqués par le manque de prise en considération du facteur humain.

Dans cet ouvrage, je vais vous proposer, à vous les managers en charge de ces transformations organisationnelles, quelques clés pragmatiques qui, utilisées ensemble, peuvent ouvrir les portes du succès : pour veiller à aligner le rythme des changements et la capacité d'absorption des individus, pour faire en sorte que ces transformations ne soient pas subies telles des menaces, mais plutôt vécues comme autant d'opportunités, pour assurer que le changement soit désirable et non craint,... L'identification de ces clés est la résultante de trente années consacrées aux transformations, que ce soit en tant que directeur de programme ou consultant en accompagnement du changement. Elles ne sont qu'une simple tentative de réponse à la « *déshumanisation* » du changement, que je crois être une des causes majeures d'échec de ces transformations. Sans avoir la prétention de pouvoir ouvrir toutes les portes, ces clés relèvent plutôt de l'envie de partager une conviction et de proposer un retour d'expériences. Car si pour parvenir à se transformer en permanence, rapidement et agilement, les entreprises doivent dorénavant se reposer sur une nouvelle dynamique de management construite autour de l'anticipation et l'innovation, elles vont également devoir compter sur une plus grande humanisation de la gestion du changement, dont le succès de la mise en œuvre effective repose surtout et avant tout sur les hommes et les femmes qui composent le tissu des organisations.

Ces clés ont d'autant plus de sens que la gestion du changement constitue pour ma part une des pratiques managériales des plus complexes. Dans « *manager dans la complexité* », Dominique Genelot, Président fondateur d'INSEP Consulting avec lequel j'ai été amené à partager diverses missions d'accompagnement du changement, écrivait :

> *«...La recherche du changement se fonde trop souvent sur l'idée qu'il existerait un état idéal, meilleur que celui dans lequel on se trouve actuellement, qu'il faut s'efforcer d'atteindre par des modifications importantes de structures et de comportements. Une fois ce palier atteint, on pourra enfin souffler et savourer le fruit des certitudes organisationnelles. En réalité, si l'on observe notre environnement, on s'aperçoit que tout est changement en permanence...».*

L'état permanent du changement étant un postulat, la question posée n'est plus désormais de savoir s'il faut changer, mais bien « comment ? ». La conduite du changement devient un dispositif à part entière dans les organisations, qui permet d'accroître l'adhésion des acteurs concernés par le changement et donc de mieux garantir sa réussite. Mais c'est aussi et surtout une des compétences managériales majeures qui permet d'anticiper l'impact des changements et de réduire les temps d'adaptation et de transition, en apportant un complément indispensable à la gestion classique de projet.

> « ... Ce n'est pas le plus fort de l'espèce qui survit, ni le plus intelligent. C'est celui qui sait le mieux s'adapter au changement... »

> Charles Darwin

Avant d'aborder ce que je pense être des facteurs de succès des transformations organisationnelles, il convient de bien définir ce que l'on entend par celles-ci.

Le terme « transformation » tout d'abord : il est choisi par opposition à d'autres formes de changement plus rapides, comme par exemple le renouvellement par l'amélioration continue ou la rupture en mode de crise. Il s'agit en fait d'un processus de changement progressif et structurel de l'organisation, s'inscrivant dans une perspective à long terme. La transformation organisationnelle va favoriser l'implication d'un maximum d'acteurs concernés par le changement dans la gestion du projet de transformation, via un mode participatif. Cette approche ne privilégiera pas l'imposition de la nouvelle vision, mais plutôt son partage. Dans le cadre d'un tel projet, on relève enfin qu'un sponsoring « fort » du management est plus que souhaitable. Le dispositif de transformation organisationnelle inclura également dans sa gouvernance une planification et un pilotage de toutes les activités relatives à l'accompagnement du changement.

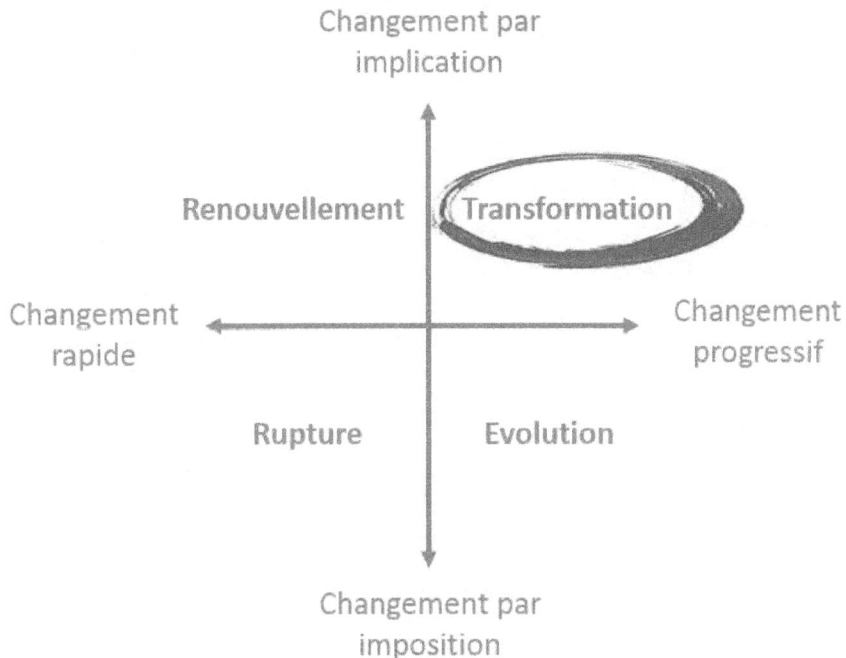

La transformation ne constitue qu'un mode de changement parmi d'autres

Le qualificatif « *organisationnelle* » quant à lui convient lorsqu'il est question d'une modification structurelle du modèle opérationnel de l'organisation (« *Operating Model* »), qui concerne au moins une ou plusieurs de ses composantes majeures, soit :

- La structure de l'organisation et son pilotage.
- Les processus de gestion.
- Les outils et les systèmes d'information.
- Les rôles et les compétences des collaborateurs.

*Au moins une composante du modèle opérationnel est
impactée par le changement*

Cette modification structurelle peut être la conséquence d'un ou plusieurs facteurs à la fois, comme par exemple :

- Un changement d'ordre culturel, tel que la définition d'une nouvelle raison d'être de l'organisation ou de ses valeurs.
- Une adaptation de la vision d'entreprise, conséquente notamment à une évolution de ses services aux clients.
- La mise en place d'autres règles de gouvernance, comme par exemple un nouveau processus de décision.
- Une pression sur les coûts, suite à des restrictions budgétaires.
- Ou simplement une révision des priorités stratégiques ….

Six Sigma, Agile, Business Process Reengineering, ... Nombreuses sont les méthodes possibles pour pouvoir animer un dispositif de transformation organisationnelle. Le choix pour l'une d'entre elles se doit avant tout d'être consistant avec les véritables enjeux de la transformation : par exemple, lors du déploiement d'un package en vue de remplacer un outil existant, il ne sera sans doute pas judicieux d'appliquer le modèle de déploiement en cascade « V » (avec ses phases classiques de spécification, de design, d'implémentation, etc...), mais il sera vraisemblablement plus opportun de revisiter les processus de gestion en partant des fonctionnalités du package. J'ai souvent observé dans de tels projets d'implémentation de package, une volonté manifestée dès les premiers jours de modifier sa logique au nom d'une exception propre à l'organisation ... Pour au bout du compte se retrouver avec un package complètement dénaturé, et incapable de suivre les montées de version.

De même, le choix de la méthode se doit de tenir compte de la culture d'entreprise. Il est évident qu'un même transformation ne pourra être menée de manière identique au sein d'une spin off en nouvelles technologies que dans une grosse institution publique soumise à diverses contraintes réglementaires.

Ceci étant précisé, il ne s'agira pas là de notre préoccupation immédiate dans le présent ouvrage. En effet, nous allons nous concentrer principalement sur le dispositif d'accompagnement du changement en tant que complément indispensable à la gestion classique de projet et à la méthode retenue, et plus particulièrement sur cinq clés pour tendre vers plus d'humanisme, soit la meilleure garantie de réussite des transformations organisationnelles. Mon objectif est avant tout de partager un retour d'expériences sur ce que je crois être des facteurs clés de succès, mais aussi de proposer au lecteur des « bonnes pratiques » et des outils, simples à mettre en œuvre.

2. LA PREMIÈRE CLÉ : CRÉER L'ADOPTION

« … Les gens qui, à notre avis, auraient besoin de changer
se trouvent très bien comme ils sont … ».

Richard Farson

Cette citation de Richard Farson évoque assez naturellement le phénomène de la résistance au changement et fait de suite écho aux individus. Si la résistance individuelle constitue bien un facteur important auquel nous allons consacrer toute notre attention par la suite, il ne faut cependant pas sous-estimer d'autres facteurs de résistance au changement, tels que :

- Les facteurs d'ordre collectif, comme les normes de groupe présentes au sein des équipes, ainsi que les leaders d'opinion qui les régulent et jouent un rôle central dans l'acceptation ou le rejet du projet de changement.
- les facteurs liés à la qualité du processus de mise en œuvre du changement.
- les facteurs relatifs au contexte organisationnel, comme la culture et le climat organisationnel.
- les facteurs d'ordre politique, tels que les enjeux de pouvoir ou la « *guerre des chefs* ».
- les facteurs liés au contenu du changement même, soit à la qualité intrinsèque du projet.

En pratique, il y a lieu de tenir compte de ces différentes formes de résistance au changement de façon équitable afin de mieux garantir la réussite des projets de transformation. Car parfois, ce n'est pas tant l'objet même du changement qui est mis en cause, mais bien l'action de changer. Dans ce cas, les individus considèrent que le temps, les ressources et l'attention nécessaires pour mener à bien un projet de changement ne se justifient pas pleinement par rapport à la finalité même du projet.

Ceci nous ramène également à l'absolue nécessité de réaliser préalablement au lancement du projet de transformation un diagnostic et une étude d'opportunité qualifiant au mieux les risques et les coûts du changement en regard des résultats et bénéfices escomptés. Et à ce titre, évaluer les multiples causes possibles de résistance au changement avant même d'initier le projet de transformation organisationnelle permet de rendre l'étude d'opportunité encore plus pertinente.

En effet, il ne faut pas négliger le syndrome du « *changement pour le changement* », potentielle source de détérioration du climat organisationnel affectant l'implication et l'adhésion des acteurs clés. La stabilité organisationnelle revêt une importance tout aussi capitale que la transformation organisationnelle elle-même. C'est en fait le subtil point d'équilibre à trouver entre les deux qui constituera la meilleure garantie de pérennité pour l'organisation.

« ... Je résiste, donc je suis... »

Nous allons à présent nous concentrer davantage sur les facteurs individuels de résistance au changement, qu'il faut avant tout apprendre à ne pas considérer comme une « *mauvaise nouvelle* ». En effet, par son histoire, sa culture, son système de valeurs ou ses propres croyances, chaque personne a une représentation très personnelle et légitime de ce que le changement signifie pour elle. Par exemple, une situation inconnue peut être vécue comme une découverte pour l'une et comme une véritable angoisse pour l'autre. Ainsi, la préférence pour une certaine stabilité, l'attachement à des habitudes confortables ou le refus de questionner ses propres compétences comptent parmi les principales sources de résistance relatives aux facteurs individuels. Comprendre, accepter et tenir compte de ces résistances individuelles au changement constitue un premier outil pour une gestion plus humaine des projets de transformation.

Tentons avant tout d'un peu mieux structurer ce phénomène de résistance individuelle au changement, somme toute très humain, mais également très intangible …

En s'inspirant des travaux de John Kotter, lequel est considéré comme une autorité sur le leadership et le changement (professeur à la Harvard Business School et auteur de nombreux ouvrages dont le célèbre « *leading change* »), on peut structurer les résistances individuelles au changement selon cinq origines :

- La résistance « *naturelle* », qui apparait lorsque l'on fait face à l'incertain. Elle est la conséquence directe de la peur d'avancer vers l'inconnu par manque de compréhension du projet de transformation (« *le quoi* »). Dans ce cas, une réponse appropriée sera d'expliquer les tenants et aboutissants du projet, et en particulier ce qu'il signifie concrètement pour les personnes.
- La résistance « *structurelle* », qui est inhérente aux propres croyances et convictions de la personne. Elle s'illustre par la posture « *cela ne peut pas marcher, on n'y croit pas* ». Ici, il y a lieu de favoriser le participatif, d'impliquer les personnes dans le design de la solution, mais aussi d'oser bousculer leurs croyances.
- La résistance « *fonctionnelle* », qui est relative à la capacité de faire. Elle correspond à la peur de ne pas être capable d'arriver à relever les nouveaux défis par manque de maîtrise ou de connaissance. Le développement des compétences sous toutes ses formes sera ici de nature à apaiser. Il est aussi nécessaire de

s'assurer préalablement de la présence du potentiel de développement par l'établissement d'un bilan des compétences. De plus, il est fondamental de faire en sorte que les attendus du futur poste soient bien en adéquation avec ce potentiel-là.

- **La résistance « *instrumentale* »,** qui consiste à négocier des avantages plutôt personnels. La réponse la plus pertinente à cette forme de résistance est la négociation dans une optique de recherche d'une solution de type « *gagnant-gagnant* ».

- **La résistance « *opérationnelle* »,** qui fait suite à une perception négative du processus de changement mis en œuvre (soit « *le comment* »). Dans ce cas, il est opportun de bien réexpliquer le dispositif, et de communiquer régulièrement sur l'état d'avancement. Dans la mesure du possible, faire potentiellement participer au projet de transformation constitue également une bonne réponse à cette forme de résistance.

Dans son ouvrage intitulé « *Eloge du changement* », Gérard Carton a tenté quant à lui de catégoriser les formes de manifestation des résistances individuelles au changement :

- **L'inertie,** qui consiste en une absence de réaction face au changement. Dans ce cas, la personne laisse entendre qu'elle accepte le changement, mais tente en fait d'en différer l'application. L'inertie se justifie en évoquant la prudence, en prétextant la nécessité de demander des avis objectifs, …

- **L'argumentation,** qui est une forme plutôt active et productive de résistance, laissant entrevoir une ouverture à l'intégration du changement. D'une certaine manière, l'argumentation est une expression de la négociation sur le fond et sur la forme du changement. Elle obéit à un besoin naturel de la personne d'influencer la réalité « *extérieure* » pour la rapprocher de sa réalité « *intérieure* » (sa propre perception de la réalité).

- **La révolte**, qui survient lorsqu'il y a incapacité pour un individu d'ajuster sa réalité à la réalité du changement proposé. L'action syndicale, la demande de mutation, le recours à la grève, ... sont autant d'exemples de résistance au changement qui prennent la forme de révolte. Elle est généralement précédée de menaces, pour tenter d'influencer la représentation que l'autre se fait de la réalité et du changement proposé. La menace a notamment pour objet de montrer que le changement risque de dégrader la situation au lieu de l'améliorer.

- **Le sabotage,** qui est une forme plus pernicieuse de la révolte. Elle se traduit souvent par de l'excès de zèle, dans le but de démontrer la stupidité du changement, et d'embarrasser le promoteur du projet.

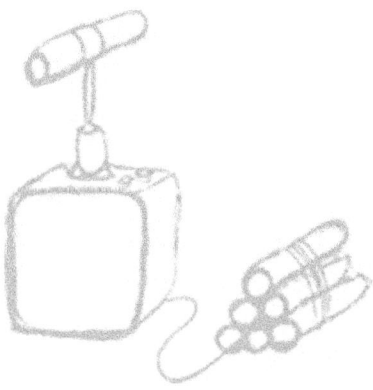

Parallèlement à la manifestation de résistances individuelles, un autre phénomène humain auquel est confronté un individu qui fait face à un changement soudain dans son quotidien professionnel est le « *cycle de deuil* ». Dans un modèle adapté au changement en entreprise et inspiré de sa longue expérience d'accompagnement de fin de vie en milieu hospitalier, Elisabeth Kubler-Ross (psychiatre et psychologue suisse classée en 1999 par « *Time magazine* » parmi les 100 plus importants penseurs du XXième siècle) décrit les étapes successives de la réponse émotionnelle au changement au travers du « *cycle du deuil* ». Au plus le changement est imposé et subi, au plus l'application de ce cycle relève de sens. Ses étapes, à partir de l'annonce du changement, sont vécues de manière plus ou moins longue, et avec une intensité variable selon l'expérience de chaque individu concerné. Elles pourront notamment être génératrices des différentes formes de résistance individuelle que nous venons d'évoquer.

Cycle du deuil inspiré des travaux d'Elisabeth Kübler-Ross

Connaître ces étapes permet de mieux comprendre les résistances individuelles au changement et le temps d'intégration nécessaire, ainsi que d'accompagner les personnes dans ce processus de deuil. En cela, le « *cycle du deuil* » est également un instrument clé pour une conduite plus humaine du changement.

On y distingue deux grandes phases :

- Tout d'abord une phase descendante, qui s'accompagne d'une attitude contre-productive, tournée vers le passé et consommatrice d'énergie.
- Vient ensuite une phase ascendante, au cours de laquelle l'attitude est plus productive, tournée vers le futur et génératrice d'énergie.

Les différentes étapes ne sont pas toujours séquentielles (des « *allers-retours* » sont possibles), et sont de toutes les façons vécues très personnellement selon le ressenti de tout un chacun. On relève généralement :

- **Le choc** : le changement est communiqué et est reçu plutôt brutalement, provoquant une rupture. Il s'agit souvent d'une phase assez courte générant une émotion vive, de l'ordre de la sidération qui laisse sans voix. « *La décision de délocaliser l'activité de production a été prise* ».

- **Le déni** : c'est la phase de refus de la nouvelle réalité, qui est d'autant plus forte que le changement touche à quelque chose d'important. Le déni provoque de la contestation et fait place à une discussion intérieure. A ce stade, il est possible que l'individu s'enferme quelques temps dans cet état de refuge. « *Ce n'est pas possible, je ne peux pas le croire* ».

- **La colère** : sortie du déni, la personne fait face à la nouvelle réalité qu'elle ne peut cependant pas encore accepter. C'est la confrontation avec les faits qui va générer une attitude de révolte. L'émotion ressentie est de l'ordre de l'injustice et du reproche, justifiant la recherche d'un coupable et un besoin de vengeance. « *C'est de leur faute, ils n'ont pas su gérer… ils optent pour la facilité et se moquent bien de nous… cela ne va pas se passer ainsi* ».

- **La peur** : la nouvelle réalité va à présent générer un sentiment de crainte sous différentes formes : peur de l'inconnu, de l'inconfort, de ne pas être à la hauteur, … l'émotion ressentie est l'anxiété, voire le stress. « *Mais que va-t-on devenir ? nous allons perdre notre job !* ».

- **La tristesse** : cette phase marque généralement le début de l'acceptation de ce qui est perdu et du caractère définitif de cette perte. Le ressenti est de l'ordre du désespoir, des regrets et de la nostalgie… il peut aller parfois jusqu'à l'abattement et la « *dépression* ». Le paradoxe de cette étape est qu'en donnant le sentiment d'aller vers le pire, elle met en fait fin à la phase descendante et amorce la transition vers la phase ascendante.

« Toutes ces années consacrées à ce travail et le voir partir en fumée...quelle tristesse ! ».

- **L'acceptation** : c'est la phase du changement de perspective : l'individu se tourne à présent vers l'avenir et essaye de « *vivre avec* » le changement. Il n'est plus enfermé dans le deuil, le mouvement en avant devenant possible. « *Ce sera difficile, mais on va pouvoir se réorienter vers d'autres missions* ».

- **Le pardon** : c'est la phase de compréhension de la décision prise par les responsables du changement. Le sentiment dominant est la justification. « *De toutes les façons, on n'avait pas vraiment le choix de faire autrement* ».

- **La quête de sens et de renouveau** : au cours de cette phase, les individus identifient des bénéfices personnels relatifs à la nouvelle situation. Le sentiment clé est l'espoir. « *Grâce à ce changement, je peux me découvrir une nouvelle passion...* ».

- **La sérénité et la croissance** : à ce stade, le changement est complètement intégré, la page est tournée et l'on regarde vers l'avenir. Le sentiment général correspond à l'enthousiasme.

L'expérience montre que le respect des phases du « *cycle du deuil* » facilite pour tout un chacun une véritable mobilisation vers l'avenir et l'abandon de la nostalgie (« *c'était mieux avant* »), laquelle constitue un des freins majeurs aux projets de transformation et représente un coût non négligeable pour les entreprises.

Dès lors, quelles réponses apporter aux résistances au changement et au besoin de vivre le deuil ?

Ces réactions s'expliquent par le fait que nous allons quitter nos zones de confort et nous aventurer vers de nouveaux contextes incertains, exercer de nouvelles tâches et responsabilités, mobiliser de nouvelles compétences, apprendre de nouveaux comportements, adopter de nouvelles attitudes et, surtout, abandonner nos habitudes qui faisaient partie de notre quotidien.

Intrinsèquement, le changement devrait idéalement intégrer au mieux les conditions de succès suivantes :

- Le changement doit être bénéfique pour tous et comporte des avantages significatifs pour les individus impactés.
- Le changement doit rester expérimental, et peut par conséquent être modifié au cours de son déploiement.
- Le changement doit être le plus simple possible, afin d'être bien compris et intégré par tous.
- Le changement doit rester compatible avec la culture d'entreprise, et adhérer au mieux à ses valeurs.

De plus, il y aura lieu de développer et exécuter un plan d'adoption dans le cadre du dispositif d'accompagnement du changement, en tenant compte des résistances et du deuil. En effet, pour obtenir des résultats effectifs et durables dans le cadre d'une transformation, il est fondamental de ne pas uniquement se concentrer sur la qualité de la solution, mais aussi sur l'acceptation de celle-ci.

Ce qui se traduit par la formule suivante, ou l'adoption se définit comme un processus qui vise à :

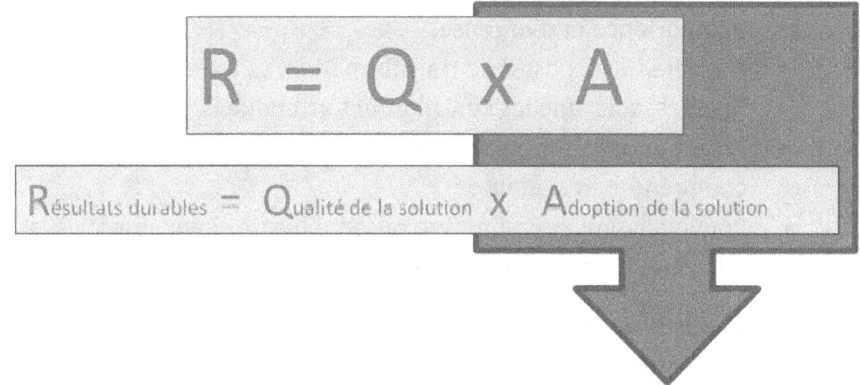

$$R = Q \times A$$

Résultats durables = Qualité de la solution X Adoption de la solution

- Obtenir l'adhésion à la vision.
- Rendre le changement désirable.
- Mobiliser l'engagement.

Les mécanismes d'adoption passent par la conception et l'exécution d'activités centrées sur la compréhension, l'implication, l'adhésion, la responsabilisation, le développement des compétences, l'intégration des nouveaux comportements et la communication. Cela requiert de créer des espaces de dialogue au cours du déploiement du projet de transformation, afin de favoriser l'appropriation et construire une réelle capacité à changer au sein de l'organisation.

L'expérience démontre également que les acteurs impactés par le changement acceptent mieux celui-ci lorsqu'ils participent à sa conception, car cela permet notamment de dépasser la résistance causée par les normes de groupe. En pratique, les activités d'adoption devraient répondre aux caractéristiques suivantes :

- Impliquer les acteurs dans la conception du modèle de changement.
- Convaincre que les diverses opinions seront entendues.
- Inspirer la confiance et le respect.
- Faire profiter et bénéficier personnellement du changement.
- Faire preuve de correction et de transparence.
- Rassurer sur les compétences à développer dans le nouveau contexte.
- Renforcer le sentiment de nécessité, de momentum, d'importance et d'urgence.
- Expliciter le dispositif de transformation, sa trajectoire et ses finalités, ainsi que les contributions attendues.
- Proposer un véritable soutien ainsi que du temps pour comprendre et s'adapter.
- Pouvoir assimiler un nombre raisonnable de changements à la fois et les espacer dans le temps.

L'adoption dispose de sa propre proposition de valeur : diverses études ont démontré que le ratio impact/investissement sur temps pour travailler sur l'adoption (mindset) est exponentiellement plus important que celui consacré au développement même de la solution (toolset), ou encore au développement des compétences (skillset).

On peut en effet considérer que la valeur actualisée d'un programme de transformation est égale au ROI attendu, multiplié par le taux d'adoption.

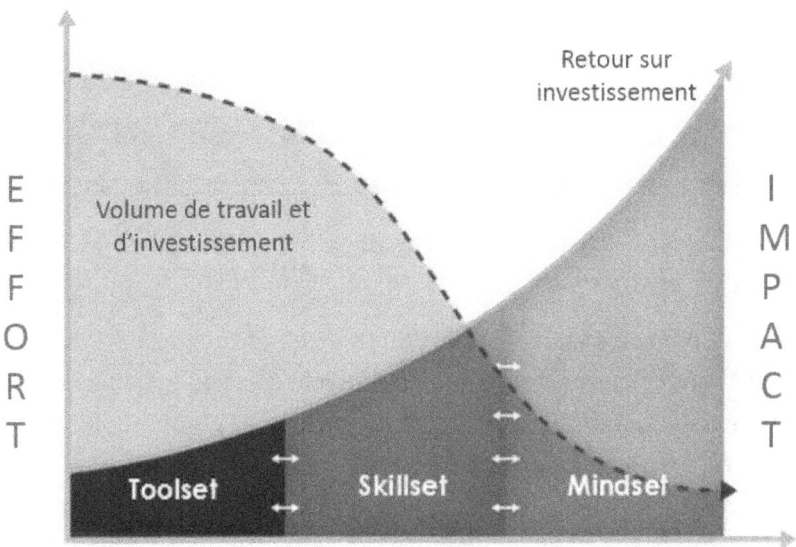

Proposition de valeur du changement

La première étape pour construire un plan d'adoption consiste à identifier les populations concernées, regroupées logiquement selon divers critères qualifiants. Pour chaque population identifiée, il faut ensuite répondre aux questions suivantes :

- Par quels changements les populations sont-elles impactées et comment ?
- Quel est le poids du changement pour chaque population identifiée ?
- Quel est le niveau d'acceptation actuel de chaque population identifiée, face aux changements proposés ?

Identifier les populations touchées par la transformation	Décrire les changements et leurs impacts pour chaque population	Évaluer le poids des changements par population (faible-moyen-important)	Évaluer le niveau d'acceptation par population (faible-moyen-important)

Matrice des populations impactées

Pour pouvoir évaluer l'impact du changement sur les différentes populations concernées, un modèle simplifié de socio-dynamique permet de structurer celles-ci selon quatre grands groupes, plus ou moins répartis suivant une courbe de Gauss :

- Le groupe des passionnés : ils sont plutôt visionnaires, acceptent une prise de risques élevée, aiment le changement permanent, mais peuvent faire preuve d'inconstance.
- Le groupe des pragmatiques du changement : ils sont assez opportunistes, acceptent une prise de risques mesurée, sont à la recherche d'efficacité, et peuvent faire preuve d'une volonté de tout négocier.
- Le groupe des pragmatiques de la continuité : ils sont généralement assez attentistes, font montre d'une prise de risques plutôt faible, apprécient le contrôle et ont tendance à vouloir « *gérer* », ce qui entraine un risque élevé d'excès de normalisation.
- Le groupe des objecteurs : ils sont plutôt conformistes, refusent la prise de risques, ont des ancrages assez forts dans la tradition, et présentent un risque élevé d'inertie.

Une stratégie en deux temps est généralement recommandée :

1. Capitaliser au maximum sur les pragmatiques du changement (et donc leur consacrer du temps et de l'énergie pour les encourager et maintenir leur engagement) et tenter de faire « *basculer* » les pragmatiques de la continuité vers ce groupe à l'aide d'activités d'adoption appropriées, en vue d'atteindre la masse critique et le point de non-retour ....
2. Aux extrémités de la courbe de Gauss, il y a lieu de neutraliser les objecteurs, en veillant à ce qu'ils ne deviennent pas trop « *énergivores* » et canaliser les passionnés sans pour autant y consacrer trop de temps.

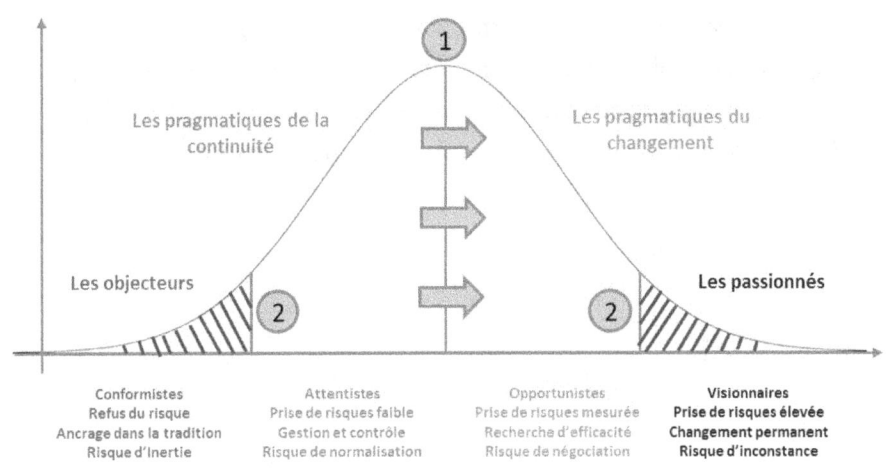

Modèle socio dynamique simplifié

En pratique, il y a lieu de tenter de rechercher l'adhésion active d'un maximum d'acteurs concernés par le changement, plutôt que la simple compréhension passive. A cette fin, au lieu de simplement communiquer, il faut être transparent vis-à-vis de la transformation, notamment sur ses finalités, son dispositif et sa trajectoire (soit sur le quoi, le pourquoi et le comment), et éviter de ne rien dire en se retranchant derrière le risque social.

Dans le cadre du déploiement de sa stratégie multicanal, ce grand groupe financier avait développé une nouvelle banque en ligne. Pour ce projet de transformation, les directeurs d'agence du réseau commercial existant ont constitué un groupe d'attention spécifique : il s'agissait de faire en sorte qu'ils soutiennent l'initiative plutôt que de la vivre comme une forme de concurrence interne ...

La deuxième étape consiste à identifier les « *moments de vérité* » du programme de transformation, c'est-à-dire les moments où le changement devient tangible et où les acteurs impactés décident de poursuivre ou non vers la vision (par exemple, le moment ou le nouvel outil est mis en production, l'annonce du nouvel organigramme, le déménagement vers le nouveau site, etc ....).

Cet exercice s'opère à partir de la matrice des populations impactées (établie lors de la première étape de la construction du plan d'adoption) et du planning consolidé avec l'ensemble des livrables des divers projets contributeurs au programme de transformation.

Je suis plus gagnant que perdant suite au changement

Je me sens compétent pour contribuer au changement

Je m'engage

Je me sens motivé par la perspective du changement

Je mesure et accepte ce que ce changement signifie pour moi

Je comprends le (pour)quoi du changement

Courbe d'adoption

Pour tous les « *moments de vérité* » identifiés, il y aura lieu de planifier les activités d'adoption appropriées selon les populations impactées, en tenant compte du fait que chaque acteur concerné par le changement respecte sa propre courbe d'adoption.

Dans le cas du déploiement de la stratégie multicanal du grand groupe financier, un de ces « *moments de vérité* » fût le lancement commercial de la banque en ligne.

Les différents états sur la courbe d'adoption par lesquels passent les collaborateurs concernés par le changement ne sont pas par définition séquentiels, ni nécessaires pour tous. Néanmoins, on peut considérer que l'engagement des collaborateurs ne pourra être obtenu qu'à la condition :

- D'avoir bien compris tous les tenants et aboutissants du changement : le quoi, le pourquoi, le comment, le quand, …
- D'avoir non seulement mesuré mais aussi accepté ce que ce changement signifie pour soi.
- De se sentir motivé par les perspectives que le changement offre, et le sens qu'il apporte.
- De se sentir suffisamment compétent pour devenir un acteur du changement, ou à tous le moins de reconnaitre son potentiel de développement pour y arriver après apprentissage.
- Et enfin, d'avoir le sentiment de gagner plus que de perdre suite à ce changement.

La troisième étape consiste à définir et planifier les activités d'adoption les plus appropriées aux populations impactées, lors des moments de vérité identifiés. Selon les circonstances, ces activités peuvent être préparatoires à l'arrivée des livrables, effectuées en parallèle ou prévues juste après (dans une logique d'« *after care* »). Elles sont centrées sur la compréhension, l'implication, l'adhésion, la responsabilisation, le développement des compétences, l'intégration des nouveaux comportements et la communication.

En pratique, il peut s'agir de :

- Ateliers de partage de la vision : mises en situation, boucles de feed back, lessons learned, ...
- Sessions plénières : kick-off, rencontre du management, revue d'avancement de projet, ...
- Apprentissage collectif : formation, partage d'expérience, ...
- Actions de monitoring : formulaire d'évaluation, enquête, sondage, ...
- Visites de site : petit déjeuner sur place, partage du plan d'implantation, ...
- Communication : journal de la transformation, publications, campagne d'affichages, ...
- ...

Cette dernière activité (la communication autour du projet de transformation) reste bien entendu très importante pour favoriser l'adoption, même si elle doit absolument être complétée par d'autres activités telles que celles que nous venons de décrire, sous peine de ne pas obtenir l'adhésion de tous. Il y aura donc lieu de construire un plan de communication s'inspirant de tous les moments de vérité et de l'ensemble des activités d'adoption, et de l'inscrire structurellement au planning du programme de transformation. Il est sans doute utile de rappeler que l'établissement d'un bon plan de communication passe par :

- Déterminer les groupes cibles.
- Définir les objectifs et axes de communication.
- Identifier les émetteurs des messages.
- Choisir les canaux et supports de communication.
- Fixer le contenu des actions (thèmes et messages clés).
- Établir le planning des actions de communication.
- Analyser l'impact et l'efficacité des actions.

L'évolution du centre de contact occupait une place importante dans le déploiement de la stratégie multicanal du groupe financier, et les objectifs affichés pour celui-ci étaient particulièrement ambitieux :

multiplication du volume « *inbond* » par sept, alors que la progression prévue pour le « *staffing* » n'était que de deux et demi. Le projet comprenait le déploiement d'un nouvel outil de téléphonie, la révision de l'ensemble des processus ainsi que la réorganisation des équipes. Face à l'étendue de tous ces changements, le déménagement vers le nouveau site en était presque devenu anecdotique. Pourtant, c'était surtout cela qui occupait l'esprit des collaborateurs et alimentait des craintes perturbatrices en spéculant sur des pertes de facilité et de confort, avec pour conséquence de reléguer au second rang les véritables enjeux. L'organisation de sessions « *petit déjeuner* » sur le nouveau site, en testant les options de transport en commun via un petit jeu, ont eu le mérite de rassurer et de couper court aux fausses rumeurs : l'impact de cette simple activité d'adoption fût majeur, pour un investissement dérisoire !

Nous verrons plus tard (dans le chapitre consacré à la quatrième clé) à quel point il est important d'assurer le pilotage de toutes les activités du plan d'adoption au même titre que les activités des projets de transformation, en les consolidant au sein du même « *masterplan* », organisé autour des populations cibles et des moments de vérité.

En conclusion, la première clé peut se traduire en la posture managériale suivante :

- Détecter et comprendre les résistances aux changements.
- Respecter et accompagner les étapes du cycle du deuil et de la courbe d'adoption.
- Analyser et comprendre l'impact des changements sur les différentes populations concernées.
- Concevoir et exécuter un plan d'adoption approprié, en fonction des « *moments de vérité* ».

3. LA DEUXIÈME CLÉ : PASSER DE LA VISION AUX COMPORTEMENTS

« ...Ce n'est pas le changement qui fait peur aux gens, mais l'idée qu'ils s'en font... »

Sénèque

A l'analyse des différents modèles de gestion du changement développés ces dernières années, on peut constater une certaine invariance entre eux : la recommandation du passage de la vision aux nouveaux comportements. En effet, dans l'hypothèse où elle serait correctement formulée et entièrement soutenue par les dirigeants, la vision ne deviendra dans les faits une réalité que si les acteurs de terrain intègrent effectivement les nouveaux comportements attendus, inhérents à celle-ci.

Prenons l'exemple vécu de cette organisation active dans le secteur des télécommunications, qui souhaitait être davantage orientée vers ses clients. Sans une vision claire et enthousiasmante plaçant le client au cœur de la relation, mais surtout sans arriver à faire en sorte que chacun dans l'organisation se sente concerné par cette vision, au point de « *vouloir* » (qui relève de l'envie, du sens et de la motivation), à distinguer clairement du « *pouvoir* » (qui relève du domaine des compétences et de l'effort consenti dans leur développement, notamment par la formation et le coaching) modifier ses propres comportements, l'exercice risquait fort de couter cher en argent et en temps, sans pour autant que les principaux intéressés (les clients dans notre cas) n'observent la moindre évolution.

Lewin '47	Kanter '92	Kotter '95	Senge '00
Unfreezing	Analyse the org. & its need for change	Establish a sense of urgency	Initiating change
	Create shared vision & common directive	Form a guiding coalition	
	Separate from past	Develop a vision	
	Create a sense of urgency		
	Support a strong leader role	Communicate the vision	
Moving	Line up political sponsorship	Empower others to act on the vision	Sustaining momentum
	Craft an implementation plan	Planning & enabling short term views	
	Develop enabling structures	Solidifying change & checking more change	
Refreezing	Communicate, involve people & be honest	Anchoring and institutionalising new approaches	Redesigning & rethinking
	Reinforce & institutionalise change		

Tableau comparatif des modèles de gestion du changement

Si ces différents modèles de changement sont pertinents, il m'est pourtant régulièrement arrivé de faire les deux constats suivants au cours des missions d'accompagnement du changement que j'ai eu l'opportunité de mener :

- Il existe très souvent un niveau de rupture (variable selon les entreprises) dans les strates managériales de l'organisation où la vision ne percole pas, n'est pas traduite en actions, et ne représente plus qu'un simple slogan affiché sur les murs ...
- La maîtrise de la compétence de coaching comportemental (soit du savoir-être) est plutôt rare dans le chef des managers de terrain, qui privilégient souvent le savoir-faire ...

Les dirigeants ne peuvent donc pas se contenter uniquement de l'exercice de définition et de simple communication de la vision, sans par après s'assurer de la cascade en plans d'actions ainsi que de l'effectivité des changements comportementaux. Avec la définition et la communication de la vision, une toute petite partie (une infime partie même) du parcours est seulement accomplie à ce moment. Le plus dur reste à faire : la rendre désirable et la faire adopter par l'ensemble des acteurs concernés, en faisant en sorte que cette adhésion se matérialise par de nouveaux comportements intégrés de façon durable. Même si cela semble être une évidence, peu d'entreprises vont pourtant jusqu'au bout de cette logique :

- Il y a donc lieu dans premier temps de veiller à bien définir la vision dans le cadre de la transformation organisationnelle, qui se doit d'être la projection d'une représentation stimulante et réaliste d'un état désirable de l'organisation, porteuse de sens pour l'ensemble des acteurs concernés.
- Il est nécessaire ensuite de s'assurer de l'alignement de cette cible à atteindre avec la mission et les valeurs de l'entreprise :
  - o La mission se compose d'un texte court définissant la raison d'être de l'entreprise et/ou ses objectifs fondamentaux. En d'autres termes : ce qu'elle fait et comment.
  - o Les valeurs constituent pour leur part la synthèse de l'histoire de l'entreprise et fondent son identité et sa culture. Elles servent de socle à l'identification des nouveaux comportements attendus (savoir-être) dans le cadre de la transformation.

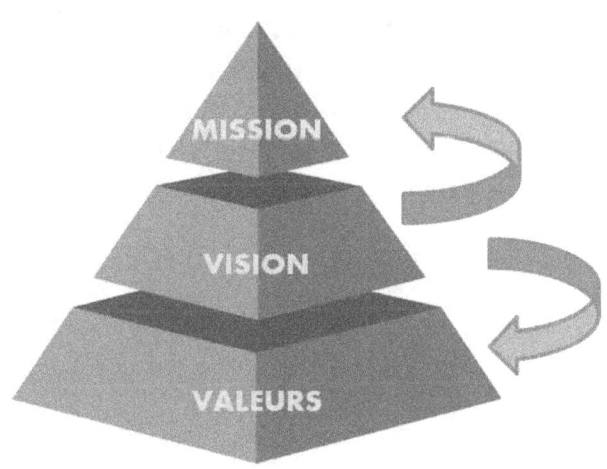

Aligner en permanence mission, vision et valeurs

Il est assez rare de rencontrer des entreprises qui parviennent à faire vivre en parfaite cohésion la déclinaison vers l'organisation de cet ensemble pourtant fondamental. Je vous suggère d'ailleurs, dans le cadre de la transformation que vous vivez peut être pour le moment, d'effectuer ce petit test aux différents niveaux de votre organisation (du management jusqu'aux opérateurs de terrain) : demandez-leur ce qu'est leur compréhension de la vision, du sens qu'elle a pour eux et ce en quoi elle va changer leur quotidien ? Et surtout ce qu'eux-mêmes sont disposés à changer dans leurs propres comportements ? Si la réponse est « *rien* » : bravo !!!, c'est que vous avez déjà atteint la cible... Ou plus grave et plus probable : c'est que la vision n'est sans doute pas assez partagée ni comprise, et est insuffisamment traduite en plans d'actions et en nouveaux comportements attendus.

Bien que nous ayons déjà largement abordé la notion de « *vouloir* » dans le cadre de la première clé et du plan d'adoption nécessaire pour traiter les résistances et le besoin de deuil, nous reviendrons dans quelques lignes sur la logique du « *sens* » et de la motivation, afin de compléter les étapes clés de la courbe d'adoption. Nous évoquerons ensuite la notion de « *pouvoir* », et principalement le fait de veiller à ne pas limiter l'effort en développement des compétences au « *savoir* » (la connaissance) et au « *savoir-faire* » (les compétences techniques), mais d'impérativement faciliter l'intégration des nouveaux comportements attendus dans le chef des acteurs de terrain au travers du « *savoir-être* » (les compétences comportementales). La déclinaison de la vision en plans d'actions opérationnels sera quant à elle abordée dans le cadre de la cinquième clé.

Les compétences se structurent autour de trois composants

Revenons à notre exemple de cette organisation active dans le domaine des télécommunications, souhaitant être davantage orientée vers ses clients. Malgré l'effort important qui avait été consenti pour réaliser l'exercice de vision et le déploiement du nouveau modèle organisationnel ainsi que des nouveaux outils, force était de constater que le vécu des clients avait finalement peu évolué. Ceci se traduisait clairement dans les résultats de l'enquête de satisfaction. Lors d'un appel, il arrivait par exemple à ces clients d'être transférés par un opérateur serviable du centre de contact en seconde ligne, vers un gestionnaire de dossier en back office peu loquace qui réclamait sans ménagement le numéro de référence de l'opération faisant l'objet de la requête. Pourtant, ce brave gestionnaire était bel et bien animé d'une intention positive et convaincu de « *bien faire* » son métier. Et pour cause, puisque pour lui, depuis toujours, l'efficacité du processus de traitement des litiges reposait en tout premier lieu sur la bonne saisie du numéro de référence de l'opération à traiter. De plus, l'évaluation de sa performance se fondait surtout sur la bonne application de ce principe de gestion.

Dans le cas de cette mission en accompagnement du changement, il apparaissait clairement que le plus gros de l'effort en développement de compétences s'était surtout concentré sur l'apprentissage du nouvel outil CRM ainsi que sur la maîtrise des nouveaux processus « *clients* » (et donc de l'ordre du savoir-faire), et que finalement très peu avait été entrepris sur le plan de l'intégration des nouveaux comportements « *clients* » (de l'ordre du savoir-être). Ici, le simple déploiement d'ateliers de mise en situation (initiés par un retour vidéo sur l'expérience client, confrontant leurs perceptions avec leurs attentes) combinée avec l'engagement sur un objectif de développement comportemental dans l'outil de gestion de performance individuelle, ont permis l'année d'après d'améliorer de façon significative le taux de satisfaction clients. Le coût du déploiement de ces ateliers (ainsi que de la plateforme de développement des compétences en coaching comportemental pour les responsables d'équipe, bien nécessaire au succès du dispositif) représentât in fine moins d'1 % du budget global du programme de transformation !

En fait, ce que l'on observe en réalité, c'est que les transformations organisationnelles ne sont jamais neutres pour les individus : elles les impactent dans leur fonctionnement quotidien et les forcent à se repositionner, notamment en bouleversant leurs croyances. Que faire dès lors face à ce constat ?

Dans un premier temps, il y a lieu de donner du « *sens* »… au sens large… !!!

Dans « *les responsables porteurs de sens* », Vincent Lenhardt écrivait : « *…être responsable porteur de sens, c'est être porteur d'une réponse à la question « pour quoi ? ». C'est se situer par rapport aux finalités. Le sens veut dire à la fois la direction (ou les objectifs), la* *signification (ou les valeurs) et l'expérience (ou la culture). Le sens permet d'articuler les dynamiques individuelles et collectives à travers une vision partagée... »*. La notion de sens est donc multiple et les trois sens du mot « *sens* » apportés par Vincent Lenhardt sont particulièrement relevant dans l'exercice de transformation : au plus la vision sera porteuse de sens, au moins le risque de désalignement avec les acteurs concernés par le changement sera élevé.

Vous connaissez certainement l'histoire des trois tailleurs de pierre à qui l'on pose la question de savoir ce qu'ils font ? Par sa réponse, chacun donne un sens différent à son travail :

- Le premier répond « *... je taille une pierre...* » : Il décrit simplement une tâche et accorde à son travail une signification littérale.
- Le second répond « *... je gagne ma vie...* » : il situe une certaine finalité en dehors du travail lui-même.
- Le troisième répond : « *... je construis une cathédrale...* » : Il manifeste un dessein plutôt « *existentiel* » au sens où l'immensité de l'édifice à bâtir nécessite d'y consacrer sa vie.

Il existe une tendance à penser que la troisième réponse est la « *bonne* ». Or précisément, rien ne permet de juger de ce qui est mieux ou moins bien dans un rapport personnel au travail. En définitive, celui-ci est réalisé tel qu'attendu, même s'il revêt un sens différent pour chacun. On peut donc en conclure que :

« La carte n'est pas le territoire »

Alfred Korzybski

Cet aphorisme du philosophe polonais Alfred Korzybski, fondateur de la sémantique générale, constitue un des présupposés majeurs de la PNL (Programmation Neuro Linguistique, une science du comportement qui fût fondée par John Grinder et Richard Bandler au cours des années septante).

Il nous rappelle que nous n'avons pas une perception unique de la même réalité. Nous nous en faisons tous notre propre représentation interne (dénommée « *la carte* »), mais cette représentation n'est pas exactement la réalité. En fait, il existe pratiquement autant de cartes qu'il y a d'individus observant la même réalité. Chacun d'entre nous voit donc la même chose différemment. Aussi, lorsqu'une seule vision pour le changement est définie et est partagée avec ce groupe de « n » individus qui composent l'entreprise, il y a potentiellement autant d'interprétations différentes !!! Et par conséquent, autant de chances de se comporter différemment dans le même contexte, face à une même réalité. Car c'est bien notre propre perception de cette vision pourtant unique qui va orienter nos comportements.

Le modèle « *des niveaux logiques* » de Robert Dilts (un autre contributeur majeur au développement de la PNL), nous permet de bien comprendre pourquoi il en est ainsi.

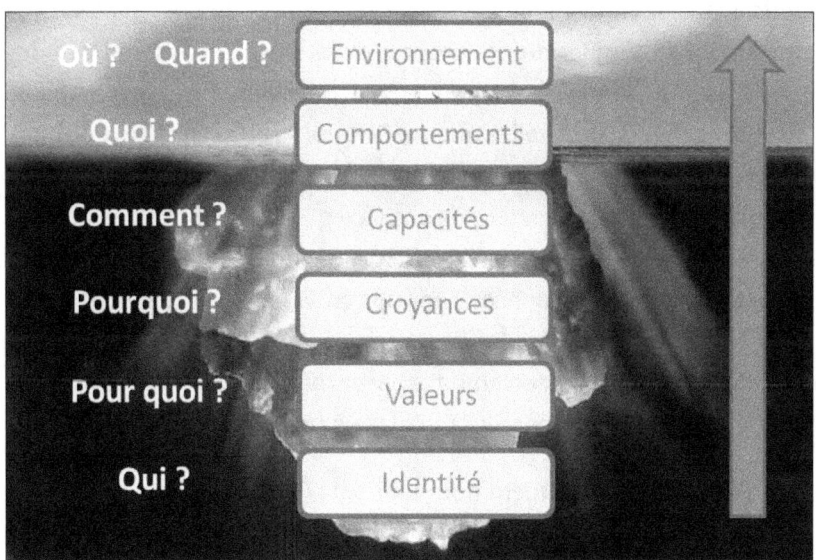

Modèle des niveaux logiques de Robert Dilts

De façon symbolique, on peut imaginer représenter chaque individu au travers d'un iceberg. La partie visible correspond à ce que nous pouvons tous observer de lui (à l'aide de nos cinq sens), de façon objective et rationnelle, donc indiscutable : il s'agit des comportements, qu'il y a lieu de coupler au contexte environnemental pour former un tout. En effet, il est fort probable que vous ne vous comportiez pas de la même façon au travail, dans un groupe d'amis ou avec les membres de votre famille. Par conséquent, un comportement rapporté en dehors de son contexte biaise et appauvrit l'information.

Dans la partie invisible de l'iceberg, nos capacités combinent nos compétences (savoir, savoir-faire et savoir être) ainsi que les stratégies que nous développons sans cesse, lesquelles vont structurer nos comportements dans un environnement donné. Par exemple, à tout moment, je peux décider consciemment de me comporter de telle ou telle manière en fonction du contexte.

Les croyances quant à elles sont les opinions et les perceptions que nous avons de nous-mêmes et de notre environnement. Elles sont principalement issues de nos propres expériences et aussi en grande partie de l'éducation que nous avons reçue. Elles correspondent à des questions révélatrices telles que : « *De quoi es-tu certain...?* » ou encore : « *Comment expliques-tu que...?* ». En fait, toutes nos croyances nous permettent de donner du sens à ce que nous observons dans les environnements auxquels nous sommes confrontés quotidiennement, et de réagir en conséquence. Sans nos croyances, notre cerveau devrait sans cesse évaluer toutes les situations auxquelles nous faisons face, afin d'adopter un comportement approprié. Par exemple, dans un bus bondé, je cède spontanément ma place à une personne âgée.

Les valeurs constituent pour leur part un « *chapeau* » composé des principes fondamentaux sur lesquels reposent tous nos comportements. Les valeurs correspondent à des questions telles que : « *Qu'est-ce qui est important pour toi...?* » ou encore « *Qu'est-ce que tu n'accepterais pas...?* ». Bien connaître ses valeurs est fondamental puisqu'elles guident nos actions quotidiennes et nos comportements sociaux. Par exemple, si le « *partage* » est une valeur importante pour un individu, elle induira des comportements très différents de ceux d'une autre personne qui valorise plutôt « *l'autonomie* ».

Pour terminer, l'identité est considérée comme l'ensemble des caractéristiques qui définissent notre « *moi* » et nous donnent du sens... C'est en fait la réponse à la question métaphysique : « *Qui suis-je ?* ».

Chaque individu concerné va donc interpréter conformément à son propre cadre de référence (son « *iceberg* ») la vision proposée dans le cadre de la transformation. Et dès lors, si les changements induits par celle-ci affectent ses croyances, ses valeurs ou son identité, il est fort probable qu'une manifestation de résistance s'opère, le degré de celle-ci étant en fait fonction du niveau d'impact sur ces trois éléments. Dans notre exemple où « *l'autonomie* » constitue une valeur importante pour un collaborateur, si le changement proposé consiste à augmenter le travail en équipe et la collaboration, il est très vraisemblable que la personne concernée réagisse en opposition à ce changement aussi louable soit-il, sa valeur étant heurtée par la proposition... Nous disposons tous de notre propre « *iceberg* », plus ou moins différent de ceux des autres. Comprendre et maîtriser le modèle de Dilts est clé pour pouvoir :

- éviter les projections et les jugements de valeur (c'est-à-dire l'analyse des comportements d'autrui au travers de son propre cadre de référence).
- développer l'empathie (c'est-à-dire s'intéresser à l'autre en tentant de comprendre son cadre de référence pour expliquer ses comportements).

Pour réussir ceci, il faut avant tout accepter un autre présupposé de la PNL, qui affirme que tous nos comportements sont toujours dictés par une intention positive. Ceci nous permet de comprendre que lorsqu'une personne se comporte d'une façon non attendue face aux changements proposés, ce n'est pas à priori de la mauvaise volonté, mais plutôt un agissement conforme à ses croyances et à ses valeurs, qu'il faut essayer de comprendre plutôt que de juger. Et dans un sens, certaines de nos croyances peuvent être limitantes en agissant comme des filtres qui nous empêchent de regarder une réalité autrement : « *on ne peut pas donner une réponse au client sans avoir préalablement obtenu le numéro de référence de l'opération* ».

Sur la banquise de la transformation organisationnelle, face à l'ensemble de ces icebergs tous aussi différents les uns des autres, comment dès lors assurer ce passage de la vision aux comportements ?

Le coaching des compétences comportementales peut constituer une partie de la solution, puisqu'il va agir au niveau le plus « *souple* » du modèle de Dilts. En pratique, le coaching va permettre de travailler à l'intégration des nouveaux comportements inhérents à la vision et attendus par les acteurs de terrain, tout en bousculant les croyances limitantes afin de faciliter cette intégration. Il met principalement l'accent sur le développement des qualités (inter)personnelles de l'individu (le savoir-être). Le coach ne s'occupera donc pas à priori des tâches liées à la fonction, mais s'intéressera par contre aux qualités qui permettront à la personne d'effectuer ces tâches de la manière la plus autonome possible.

La méthode dite du « *cycle du coaching* » est une démarche simple à appliquer, qui ne nécessite pas d'être titulaire d'une quelconque certification en coaching.

Elle s'effectue par itérations successives, dans un climat de confiance, de bienveillance et d'authenticité, et est basée sur :

- le questionnement.
- l'écoute.
- l'observation.

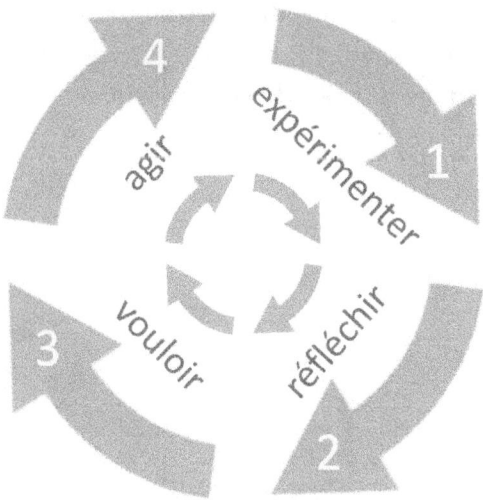

Le cycle du coaching

Le cycle du coaching se compose de quatre phases :

1) Expérimenter :

Cette première phase doit permettre d'enclencher dans le chef de la personne faisant l'objet du coaching (le « *coaché* »), le processus de prise de conscience. Le point de départ du coaching est une expérience vécue correspondant à une situation d'échec ou d'insuccès, et qui passe par une restitution des faits. Il ne doit pas nécessairement s'agir d'une expérience issue du contexte professionnel... Cela peut aussi bien être par exemple une expérience en rapport avec des circonstances plus personnelles.

Le coach doit faciliter la prise de parole par le coaché, lequel doit pouvoir s'exprimer librement et sans retenue. La posture adoptée par le coach est celle d'un partenaire attentif, en écoute active, respectueux et faisant preuve d'une certaine réserve. La prise de conscience par le coaché va s'obtenir entre autres par l'identification des liens de causes à effets entre des actes posés par lui et leurs conséquences, mais aussi par une meilleure prise en considération de certains éléments de contexte.

Durant la phase d'expérimentation, l'outil « *STAR* » constitue une technique appropriée pour bien poser ce diagnostic de départ. Il permet notamment de recueillir de façon systématique et objective un maximum d'informations relatives à l'expérience vécue.

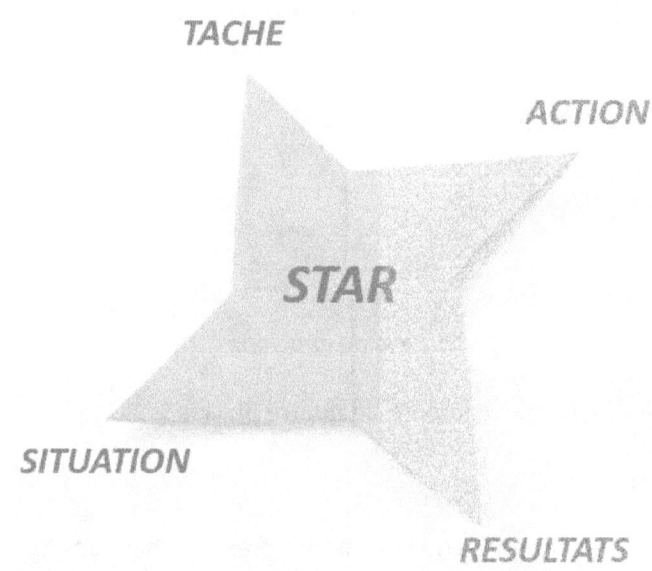

La méthode STAR

Le questionnement « *STAR* » effectué par le coach se structure de la manière suivante :

- **S**ituation : quels étaient les éléments de contexte ? Quelles étaient les conditions ?
- **T**ache : quel était ton objectif ? Quel résultat souhaitais-tu obtenir ?
- **A**ction : qu'as-tu fait concrètement ? Qu'as-tu dit ?
- **R**ésultats : quel résultat as-tu obtenu ? Que s'est-il passé ensuite ?

La méthode *STAR* est simple et efficace, mais comporte néanmoins certains pièges à absolument éviter sous peine de ne pas atteindre l'objectif d'expérimentation par le coaché. Il y a notamment lieu de :

- Éviter les questions suggestives.
- Écouter activement.
- Bien gérer son temps.
- Essayer de comprendre « *comment* » le résultat a été obtenu.
- Éviter tout jugement (positif ou négatif) immédiat.
- Éviter toute précipitation en sautant à une conclusion hâtive.

Dans le cadre d'une mission au sein d'un organisme financier, ce directeur opérationnel venait de succéder à un manager de type « *super héros* », un expert maitrisant parfaitement les moindres détails des activités gérées dans ce département et ayant gravit verticalement tous les échelons de la hiérarchie au fil de ces nombreuses années entièrement consacrées à l'entreprise. Jusque-là, ce département n'avait jamais fait l'objet de transformations majeures. La mission du nouveau directeur était de le faire évoluer significativement, pour passer d'une logique « *produits* » vers une organisation centrée sur les « *processus* ». Dans la phase de définition de la vision, une rupture se créa avec son équipe de direction... Au cours des premières sessions de coaching, nous repartîmes de ce qui avait été entrepris jusque-là vis-à-vis de cet exercice de vision, en revisitant les réunions de travail avec le comité de direction, les entretiens individuels, et surtout cette dernière journée « *off site* » qui s'était clôturée sur un constat d'échec. Au terme de ces premières semaines de prise en charge du département, l'absence de résultats tangibles vis-à-vis de l'objectif d'alignement entre les membres de l'équipe de direction sur la nouvelle vision, apparaissait de façon criante.

2) Réfléchir :

L'objectif de cette phase est de tenter de comprendre les raisons pour lesquelles la situation analysée durant la phase d'expérimentation n'a pas abouti au résultat souhaité. Il s'agit d'étudier de façon critique et en profondeur les faits relevés, d'identifier les contradictions et les dilemmes, ainsi que de trouver les causes profondes de l'échec.

Au cours de cette phase, le coach doit premièrement veiller à faire revisiter la situation de départ et le contexte, afin d'identifier ce qui pourrait avoir été de nature à influencer un tel déroulement des évènements. Potentiellement, le coaché pourrait déjà à ce stade pointer du doigt des éléments de contexte qu'il y aurait lieu de changer structurellement (dans la mesure du possible, si cela relève bien de sa zone d'influence) afin de le rendre plus favorable. De même, il pourrait être amené à mieux cerner des paramètres dont il n'avait pas pris nécessairement conscience à l'origine, et d'en tenir compte pour le futur.

Il peut arriver que le coaché présente une propension à ne rechercher l'origine des causes qu'à l'extérieur de lui-même et en dehors de sa zone d'influence. Dans ce cas, le coach devra faire preuve d'écoute et ne pas ignorer ces contraintes extérieures tout en l'aidant à identifier les mesures qu'il serait néanmoins possible de prendre vis-à-vis de celles-ci.

Par la suite, et il s'agira là d'un moment clé dans la démarche, le coach va devoir « *challenger* » le coaché afin que celui-ci se questionne sur ce qu'il a fait et sur ce qu'il est prêt à changer personnellement afin d'améliorer la situation. C'est un cheminement introspectif, qui permet de s'ouvrir vers les causes dites « *internes* ».

Afin de permettre au coaché d'initier cette introspection, il peut être opportun d'utiliser comme point d'entrée une de ses compétences « *fortes* » reconnues par tous. Car derrière chaque compétence forte, il y a toujours des risques et au moins un défi relatif à une compétence à développer.

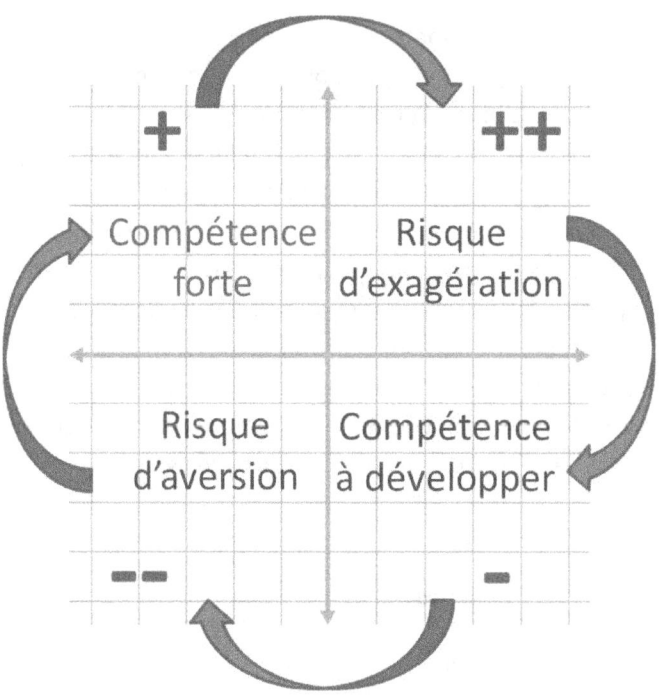

Le quadrant des compétences

Partant d'une compétence forte pour laquelle la personne se sent en zone de confort, comme par exemple « *discret* » (pour l'identifier, il suffit de répondre aux questions : « *Que pensent les autres de toi ?* », « *Quelle compétence te reconnaissent-ils avant tout ?* », « *Ils disent de toi que tu es une personne qui…?* »), le quadrant des compétences est un outil très simple qui permettra d'identifier, par un questionnement approprié :

- le risque lié à l'exagération de cette compétence et l'impact que cela pourrait avoir sur d'autres lorsque qu'elle est poussée à l'extrême (ce risque est d'autant plus grand chez cette personne que la compétence est forte, n'étant dès lors pas consciente de dépasser une limite). Dans notre exemple, il pourrait s'agir de paraitre « *effacé* ».

- le défi, soit la compétence à développer. Elle est l'opposée du risque d'exagération et va donner le sentiment à la personne d'être poussée en zone d'effort (il arrive souvent que le coaché ne parvienne pas à exprimer le défi de manière positive et à le considérer comme une compétence à part entière). Dans notre exemple, on pourrait imaginer de devenir plus « *expansif* ».
- le risque lié à l'aversion que l'on détermine en exagérant le défi exprimé. Si l'exercice du quadrant des compétences a été correctement effectué, ce risque d'aversion (qui aura tendance à provoquer l'irritation dans le chef de la personne concernée) devrait être à l'opposé de la compétence forte. Dans notre exemple, il pourrait s'agir de « *tapageur* ».

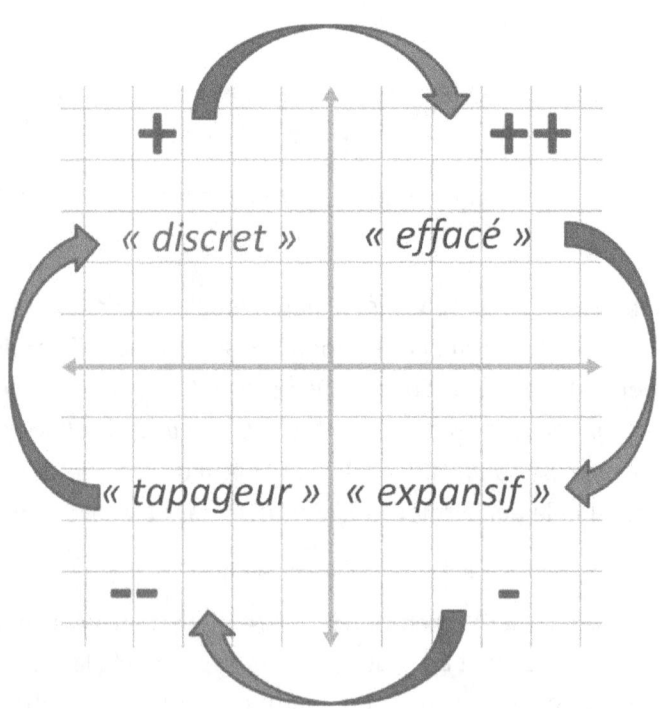

Illustration du quadrant des compétences

Dans le cas du directeur opérationnel, nous nous sommes penchés sur l'analyse des causes d'échec de l'exercice de vision, en réétudiant les éléments relevés au cours de la phase « *expérimenter* ». Dans un premier temps, il a surtout identifié les causes externes telles que la dynamique du processus de travail qui avait été retenu pour définir la vision. Dans un deuxième temps, nous avons évalué dans quelle mesure lui-même pouvait constituer un des facteurs d'insuccès.

Le petit exercice du quadrant des compétences lui a permis d'identifier ce qui avait très vraisemblablement perturbé également le bon déroulement de la démarche. Avec la « *créativité* » reconnue sans peine par lui comme étant une de ses compétences fortes (doublée d'un bel enthousiasme), il n'avait jusque-là jamais pris pleinement conscience de sa zone de risque (qui s'apparentait à pouvoir se montrer « *chaotique* » par moment). Face à une équipe de direction assez conservatrice et dans cet exercice périlleux de définition de vision, elle lui apparut brutalement : après de nombreuses sessions de travail, il n'était pas parvenu à stabiliser les idées échangées et à structurer la vision, ce qui eut pour effet de « *perdre* » les membres de son équipe dirigeante. Il éprouvât ensuite quelques difficultés à identifier son propre défi (qu'il traduisit finalement en « *structurer* » et « *stabiliser* ») de façon positive, car il l'associait directement à son aversion (être « *rigide* »).

La phase introspective pour identifier les causes internes est sans aucun doute la phase la plus délicate du processus de coaching. Elle requiert une bonne dose de courage et de connaissance de soi. Je vous suggère d'ailleurs de faire cet exercice du quadrant des compétences pour vous-même… Vous constaterez à quel point il n'est pas simple de formuler son défi de façon « *positive* », dans le sens d'une compétence à développer, et de l'accepter !

« Parler est un besoin, écouter est un art ».

Goethe

La posture du coach appelle ici plus que jamais : synchronisation, observation, questionnement, reformulation, approbation, ... C'est le temps de :

- L'écoute : le coach peut afficher un « *silence positif* », tout en intervenant brièvement par des « *oui, je comprends* », pour montrer au coaché qu'il est à l'écoute à la fois de ses arguments (le contenu) et de ses sentiments (la personne).
- La clarification : clarifier signifie ici « *comprendre le sens des mots* ». Après le temps d'écoute, si le coach a des doutes sur le sens des paroles du coaché, il est nécessaire de lui demander d'y revenir. Pour clarifier, il suffit de poser des questions telles que:
  - « *que veux-tu dire par... ?* », « *que signifie pour toi ...?* ».
  - « *qu'entends-tu par...? * », « *que représente pour toi...? * ».
  - « *que ressens-tu exactement quand...? * ».
- L'investigation : le coach va approfondir le sujet afin de mieux comprendre le point de vue du coaché. Pour ce faire, il peut utiliser les trois formes de questionnement suivantes :
  - Question ouverte : la question ouverte permet à celui à qui elle est adressée d'aborder le sujet à sa convenance. Par exemple : « *comment se présente le contexte ...? * ».
  - Question de fait : cette question aide à préciser des aspects essentiels du sujet évoqué, à obtenir des informations supplémentaires. Par exemple : « *combien de personnes sont impliquées dans ce projet...? * ».
  - Question de sondage : à la différence de la question précédente, un avis ne vaut pas fait. Mais il est parfois important de connaître l'opinion du coaché. Par exemple : « *à ton avis, que faut-il faire pour résoudre ce problème...? * ».

- La reformulation : elle va rassurer le coaché sur le fait d'avoir été compris et de pouvoir ainsi poursuivre sa réflexion. Pour le coach, la reformulation est une preuve d'écoute. Cela peut contribuer à apaiser là relation lorsque la communication est difficile, car il va par la montrer au coaché que sa demande est comprise et prise en compte. La reformulation présente également les avantages suivants:
  - Elle permet à celui qui écoute d'intérioriser ce qui a été dit, car il le redit avec ses propres mots, d'une manière personnalisée.
  - Elle permet à chacun de mieux comprendre et mémoriser, car elle offre une répétition.
  - Elle permet au débat d'avancer car elle constitue une synthèse partielle.
  - Elle donne à l'autre un droit de réponse pour rectifier ou nuancer.
  - Elle amène l'autre à prendre du recul par rapport à ce qu'il dit ou ce qu'il vit.
  - Elle permet de valoriser l'essentiel dans les propos de l'autre.
- L'usage régulier de la reformulation avec le coaché est un formidable moyen de travailler l'écoute active, c'est-à-dire de comprendre l'autre à la fois dans ce qu'il dit et ce qu'il vit.

3) Vouloir :

Au cours de cette phase, coach et coaché vont tenter de définir les solutions à mettre en œuvre pour répondre aux causes identifiées. Il s'agira de solutions « *structurelles* », susceptibles de faire évoluer positivement le contexte, mais surtout bien entendu d'engagements plus personnels, sur les nouveaux comportements à mettre en œuvre et attendus dans le cadre du projet de changement.

A ce stade, il est nécessaire de déterminer la mesure dans laquelle le coaché est prêt à s'engager. Il y a lieu d'examiner de façon créative toutes les solutions possibles, mais surtout celles qui sont acceptables pour lui. Idéalement, il les formulera lui-même, en pèsera le pour et le contre, et sera le seul juge du réalisme de leur mise en œuvre effective. Le coach se contentera pour sa part d'un rôle de « *challenger* », mais pourra aussi suggérer des propositions d'actions lorsque le coaché se trouvera dans une « *impasse* ».

Les décisions doivent être ensuite traduites dans un plan d'actions concret, définissant les nouveaux comportements à mettre en œuvre, tout en s'accordant sur les conditions et les moyens pour tendre vers l'autonomie. A ce stade, le coach devra s'assurer de la volonté réelle du coaché à s'engager, et veillera à formaliser cette contractualisation.

Dans le cas du directeur opérationnel, une dernière session de travail avec le comité de direction, de type « *time to box* », en s'imposant d'aboutir à la vision au terme de celle-ci, et combinée avec une posture très différente de l'intéressé, lui a finalement permis de sortir de l'impasse.

4) Agir :

Cette phase est celle de la mise en application pratique des décisions prises au cours de l'étape précédente, ainsi que de leur contrôle. Durant cette phase, c'est l'action qui prime.

Les conditions convenues doivent avant tout être mises en place, afin que le coaché puisse tester les nouveaux comportements et évaluer dans quelle mesure ils produisent les résultats espérés. Il faut pouvoir s'autoriser à aménager les décisions prises dans la phase précédente, si nécessaire. En ce sens, c'est une phase qui peut également constituer la préparation et l'amorce d'une nouvelle itération du cycle de coaching, partant de cette expérimentation du plan d'actions.

Pour sa part, le coach se doit d'encourager les efforts du coachés, d'apprécier les efforts fournis, d'évaluer les progrès réalisés, de valoriser les résultats obtenus et de suggérer des changements.

Il n'est pas inutile de rappeler à ce titre quelques règles élémentaires du feedback :

- Décrire des faits observés récemment.
- Éviter les jugements et interprétations.
- Suggérer des améliorations constructives.
- S'adresser directement à la personne.
- Manifester de la reconnaissance.
- Doser pour faciliter l'assimilation.

Le quadrant des compétences et le cycle du coaching constituent deux outils simples et abordables, facilement applicables, et qui permettent de supporter la traduction de la vision en nouveaux comportements attendus dans le chef des acteurs concernés.

En bon complément de ces deux instruments, il me semble utile de rappeler également quelques présupposés de la PNL afin d'assurer un coaching réussi des compétences comportementales. Nous avons déjà abordé les trois premiers au cours des paragraphes précédents :

1) **La carte n'est pas le territoire :** cet aphorisme d'Alfred Korzybski évoque que nous percevons une même réalité (le territoire) au travers de nos propres filtres (nos croyances et nos valeurs), et que chacun s'en fait une représentation interne spécifique (la carte) : il y a donc autant de représentations que d'individus concernés par cette même réalité, et il n'y a pas une carte meilleure que d'autres.

2) **Tout comportement est issu d'une intention positive :** ...même s'il arrive souvent que nous soyons heurtés au niveau de nos propres valeurs par des comportements d'autrui. C'est précisément cela qui nous aveugle et nous empêche de déceler l'intention positive de l'autre, dont les comportements ont pourtant aussi été dictés par d'autres valeurs, sans doute éloignées voire franchement opposées aux nôtres.

3) **Nous ne sommes pas nos comportements :** le modèle de Dilts nous permet de comprendre que nos comportements sont la résultante d'une stimulation par des couches intermédiaires

(nos capacités, nos croyances, nos valeurs), qui sont situées entre le « *qui nous sommes ?* » (notre identité) et le « *comment nous agissons ?* » (nos comportements, associés au contexte du moment). En acceptant de bousculer nos croyances et en développant notre savoir-être, il est possible d'intégrer de nouveaux comportements.

4) **On ne peut pas ne pas communiquer :** le poids du « *non verbal* » et du « *langage du corps* » dans la communication est de l'ordre des 90 %. Il ne faut pas nécessairement parler pour communiquer : notre attitude, nos gestes, notre physiologie (rougissement, respiration, …), composent, par rapport au « *verbe* », la teneur essentielle des messages que nous passons.

5) **Le sens de ce que nous communiquons est dans la réponse que nous obtenons :** c'est en effet au travers de la réaction d'autrui que nous pourrons vérifier si notre message a bien été reçu avec l'empreinte du sens que nous souhaitions lui donner. Par extension, sans être attentif à la réponse d'autrui, il se peut donc que nous n'ayons pas conscience du message que nous avons finalement transmis.

6) **Plus on a de choix, mieux c'est :** en terme de gestion du changement, ce présupposé est assez fondamental. Il ouvre la voie vers l'opportunité de tester d'autres comportements que ceux que nous répétons depuis toujours, dans un contexte donné.

7) **Chaque personne a en elle les ressources pour changer :** chacun possède en soi toutes les ressources nécessaires pour se développer. La question n'est donc de savoir si elles existent, mais plutôt de comment les découvrir et les organiser pour les rendre opérationnelles.

8) **L'échec n'existe pas, il n'y a que du feedback :** nos erreurs ne constituent pas une fin en soi, mais sont simplement une indication que ce que l'on a fait n'a pas fonctionné. En fait, il s'agit à chaque fois d'une opportunité d'apprentissage.

Une des finalités du coaching est de faire tendre le coaché vers l'autonomie et la responsabilisation. Pour ce faire, le coaching se doit d'agir sur ces deux axes que sont :

- le vouloir : relatif à l'engagement, qui donne du sens et de la motivation.
- le pouvoir : relatif aux compétences, qui apporte le savoir, le savoir-faire et le savoir être.

Pour modéliser ceci, on peut imaginer deux échelles en « *miroir* », qui identifient graduellement les étapes intermédiaires qui permettent au coaché de tendre vers l'autonomie, et parallèlement la posture à adopter par le coach, en fonction du niveau des compétences et de l'engagement du coaché.

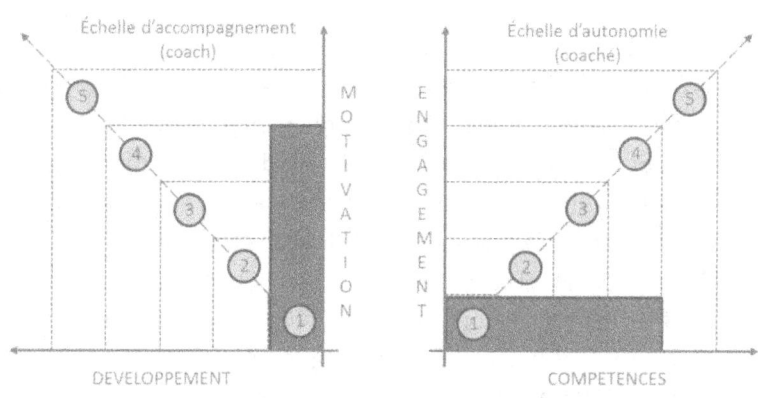

Nécessite un travail sur le sens et la motivation

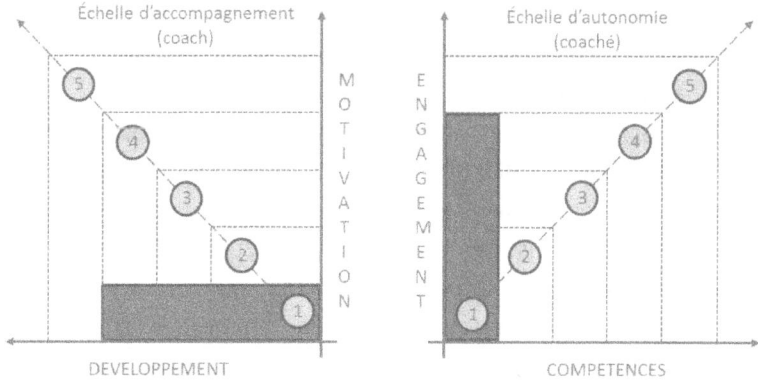

Nécessite un travail sur le développement des compétences

Afin de responsabiliser le coaché vis-à-vis de son engagement et son autonomie, le coaching des compétences comportementales se doit, dans un climat de confiance et d'ouverture, de :

- Tenir compte du contexte de chacun : les changements qui impactent la situation personnelle du coaché suite au projet de transformation doivent être pris en considération dans le cadre de la démarche d'accompagnement. Dans quelle mesure les changements sont-ils importants pour lui ou non ? Ses missions vont-elles fortement évoluer ? Son cadre de travail va-t-il être bouleversé ? ....

- Identifier le poids du changement : face aux évolutions de son contexte spécifique, il est nécessaire de comprendre le positionnement de la personne. Le coaché a-t-il un « *à priori* » plutôt positif ou négatif vis-à-vis du changement ? Est-il bien vécu et considéré comme une source de perspectives ? Ou se présente-t-il plutôt comme une menace ? Le changement est-il désiré ou non ? Le coaché se sent-il assez compétent ? ....

- Soutenir le développement des nouvelles compétences : quels sont les espaces de progrès et de développement du coaché ? Quels sont les besoins d'accompagnement ? Quelles sont les compétences à développer prioritairement ?....

- Suggérer les comportements attendus, mais aussi identifier les comportements qui ne sont pas souhaités : quels sont les nouveaux comportements à adopter dans le cadre du nouveau contexte spécifique de chacun ? Quels sont les comportements à éviter ? Quels sont les indicateurs de comportement pour chaque nouvelle compétence requise ?...

- Respecter les croyances et valeurs : le coach se doit de faire preuve de neutralité, en évitant les jugements de valeurs hâtifs, la « *condamnation* » sans chercher à comprendre l'intention positive et la raison intrinsèque qui a dicté tel ou tel comportement dans le chef du coaché. Il devra éviter le phénomène de projection à partir de son propre cadre de référence (« *moi, à ta place, je ferais cela …* ») et comprendre les résistances et les émotions du coaché, avant d'être soi-même compris.

- Veiller à l'intégration effective des nouveaux comportements : pour y parvenir, la démarche de coaching des compétences comportementales ne peut que s'envisager dans la durée.

En conclusion, la seconde clé peut se traduire en la posture managériale suivante :

- Définir et partager une vision stimulante et réaliste justifiant le changement.
- Donner du sens par rapport aux finalités de la transformation.
- Comprendre et respecter les croyances et les valeurs de chacun.
- Décrire les comportements attendus et supporter leur intégration effective.

4. LA TROISIÈME CLÉ : DÉVELOPPER LA RÉSILIENCE

« ...La plus grande gloire n'est pas de ne jamais tomber, mais de se relever à chaque chute... »

Confucius

En physique, la résilience traduit l'aptitude d'un corps à résister aux chocs et à reprendre sa structure initiale. Adaptée au monde de la psychologie, elle désigne la capacité qu'a un individu à surmonter les moments douloureux de l'existence et à rebondir en se développant, en dépit de l'adversité.

Dans le contexte d'une transformation organisationnelle, la résilience consiste à prendre acte d'un traumatisme lié au changement (deuil d'une structure, abandon d'un outil, perte des repères liés à une fonction, ...), à apprendre à « *vivre avec* » et à rebondir en changeant de perspective (nouvelle fonction, intégration d'une autre équipe, ...). La résilience constitue donc un outil fondamental pour tout un chacun concerné par une transformation, afin de pouvoir la vivre telle une opportunité et un défi. Pour citer Gary Hamel :

«... La résilience transformationnelle est l'ultime avantage compétitif en période de turbulence quand les organisations sont contraintes d'évoluer en profondeur et plus rapidement que jamais... ».

En résumé, je citerai encore la définition très complète proposée par le « *Resilience Institute* », pour lequel la résilience est l'aptitude développée pour :

- Rebondir face à l'adversité.
- Affronter les défis.
- Tendre vers son plein potentiel.
- Avoir un impact positif sur les autres.

En faisant notamment écho au cycle du deuil de Kubler Ross (que nous avons largement évoqué dans le cadre de la première clé), voici quelques particularités qui caractérisent en général les personnes résilientes :

- Elles passent souvent par une phase de refus de se sentir condamnées au malheur.
- Elles font preuve d'une volonté d'abandonner un traumatisme en étant plus fortes, et en considérant le changement tel un défi, avec la volonté d'atteindre un objectif qu'elles se fixent.
- Elles montrent une attitude de déni, en affichant la posture d'une personne forte, afin de se protéger de la pitié de l'entourage (alors qu'une fragilité interne est toujours bien présente).
- Elles utilisent souvent l'humour (comme l'autodérision), tel un masque qui permet d'éviter d'apparaitre comme une victime aux yeux d'autrui et de se complaire dans la tristesse.
- Elles peuvent entrer dans une phase de création artistique afin d'évacuer les difficultés auxquelles elles font face.
- ...

« ...la résilience, c'est l'art de naviguer dans les torrents... »

Boris Cyrulnik

*« … Mieux vaut prendre le changement par la main avant
qu'il ne nous prenne par la gorge… »* Winston Churchill

Un véritable symbole de la résilience incarnée, reconnu comme tel universellement, fût Sir Winston Churchill. Vitalité, anticipation, vision, créativité, sens de l'équipe, des réseaux d'informateurs et de l'alliance, humour, passions salvatrices,…: ce sont là des caractéristiques qui firent de Sir Winston Churchill un des plus grands chefs d'état du siècle dernier.

Nous avons tout à apprendre de lui en matière de résilience. C'était un chef de guerre redoutable, amateur de whisky, de cigares et de bons mots. Prix Nobel de littérature et peintre à ses heures, oscillant sans cesse entre euphorie et dépression, il fut l'homme de toutes les contradictions, de tous les coups d'éclat …. Mais aussi de tous les échecs ! Force de vie et homme de l'éternel rebond, Sir Winston Churchill incarna durant son existence une ardente multiplicité.

Il a notamment su communiquer sa résilience aux autres par :

- Ses discours : John Fitzgerald Kennedy dira de lui « *qu'il avait mobilisé la langue anglaise pour l'envoyer se battre* ». En toutes circonstances, il savait trouver les mots qui, sans optimisme de façade, résumaient objectivement la situation tout en laissant la porte ouverte à l'espoir. Ce réalisme optimiste ou cet optimisme réaliste, c'est selon, constitue un véritable facteur clé de la résilience.
- Ses aphorismes, tels que : « *...Un pessimiste voit la difficulté dans chaque opportunité, un optimiste voit l'opportunité dans chaque difficulté...* ».
- Ses symboles, dont le plus célèbre fut sans conteste le « V » de la victoire.
- Son humour : Lady Astor, première femme à avoir siégé au parlement Britannique, ardente féministe, fut finalement surtout reconnue pour avoir dit à Winston Churchill : « *....Winston, si j'étais votre femme, je mettrais du poison dans votre verre...!* » Et Churchill de répondre *:* « *...Eh bien moi, Nancy, si j'étais votre époux, je le boirais... !* »

Dans le contexte d'une transformation organisationnelle, la résilience est donc une aptitude qui peut assurément permettre à tous les acteurs concernés de vivre positivement un changement.

La bonne nouvelle est que la résilience peut se développer, comme toutes autres compétences. Cela relève du développement personnel, et souhaiter l'acquérir ne dépend donc que de notre propre volonté et de notre engagement. Comment y parvenir ? En faisant notamment en sorte de vivre des « *expériences optimales* ».

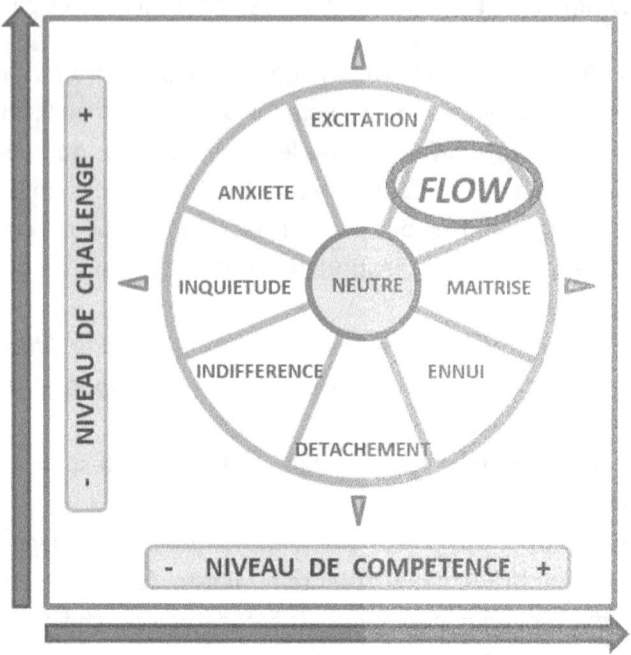

Le modèle d'expérience optimale de Mihaly Csíkszentmihályi

Selon Mihaly Csíkszentmihályi, une expérience optimale est obtenue lorsqu'une personne parvient à optimiser le niveau de challenge avec son niveau de compétence. Suivant son modèle :

- Une personne risquera d'être confrontée à l'inquiétude ou à l'anxiété lorsque le niveau de challenge fixé sera plus élevé que ses compétences.

- À l'inverse, pour un niveau de challenge faible, mais avec des compétences élevées, le ressenti sera plutôt de l'ennui ou du détachement.

- L'indifférence se caractérisera enfin par un niveau faible de challenge et de compétences.

Mihaly Csíkszentmihályi a également identifié les éléments clés relatifs à l'expérience optimale (qu'il qualifie de « *flow* »), et qui est en fait une expérience de l'activité intrinsèquement gratifiante, appelée aussi « *expérience autotélique* » :

- Des objectifs clairs.
- Une concentration intense et focalisée sur le moment présent.
- Un sentiment de contrôle personnel sur la situation ou l'activité.
- Une perte de la conscience de soi (égo).
- Une distorsion de l'expérience temporelle.
- Une implication totale et sans effort.
- Un parfait équilibre entre challenge et compétences.

Pour citer Mihaly Csíkszentmihályi : « … *Voilà ce que nous entendons par expérience optimale. C'est ce que ressent le navigateur quand le vent fouette son visage, [...], c'est le sentiment d'un parent au premier sourire de son enfant. Pareilles expériences intenses ne surviennent pas seulement lorsque les conditions externes sont favorables. Des survivants de camp de concentration se rappellent avoir vécu de riches et intenses expériences intérieures en réaction à des évènements aussi simples que le chant d'un oiseau [...]. L'expérience optimale est donc quelque chose que l'on peut provoquer. Pour chacun, il y a des milliers de possibilités ou de défis susceptibles de favoriser le développement de soi par l'expérience optimale...* ».

Dans le cadre d'une transformation organisationnelle, il sera certainement important de veiller à ce que chacun trouve dans le changement un défi personnel ajusté à la hauteur de ses compétences ou de son potentiel. Lors de la mise en place de modifications structurelles (changement de fonction, déploiement de nouvelles activités, réorganisation des équipes, …), il faudra donc particulièrement veiller à l'application effective du principe de management : « *right people, at the right place, in the right time* ».

Un autre facteur de développement de la résilience consiste à assurer le maintien d'un équilibre permanent entre quatre composantes fondamentales qui structurent un individu : le physique, l'émotionnel, l'intellectuel et le spirituel. Il y a lieu de tenir compte de chacun de ces « *quadrants* », dans l'ordre du plus physique au plus immatériel. En faisant écho à la pyramide des besoins de Maslow, il convient donc de commencer par soulager sa souffrance physique avant de se préoccuper de ses peines affectives, et ces dernières devront être dissoutes avant d'envisager sérieusement un cheminement spirituel :

- Le physique passe entre autres par une nutrition saine, la pratique régulière d'exercices physiques, la relaxation, veiller à un bon sommeil, …
- L'émotionnel consiste notamment à faire preuve d'une conscience sociale, de calme, de contrôle des impulsions, d'empathie, de positivisme, …
- L'intellectuel passe entre autres par contrôler l'attention, faire preuve d'un optimisme réaliste, assurer une présence « *ici et maintenant* », avoir de la confiance en soi, …
- Le spirituel est caractérisé par la conscience de soi, par le sens et le suivi de ses intuitions, …

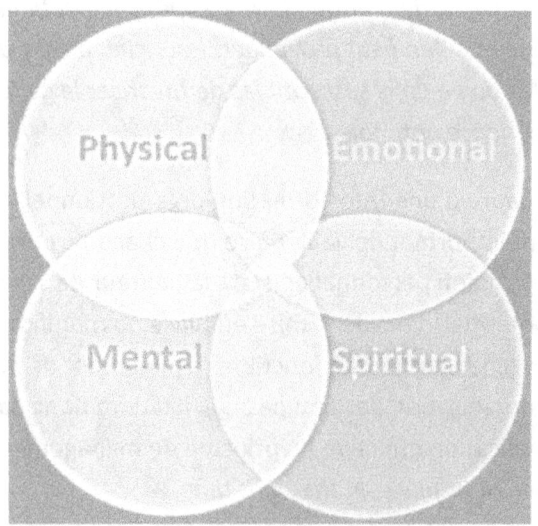

Les quatre composants fondamentaux

Les entreprises ont besoin de cadres résilients, car ce sont ces managers-là qui vont leurs permettre de relever les défis des transformations. Il n'est pourtant pas encore très fréquent de rencontrer des entreprises qui se préoccupent réellement de la santé physique de leurs collaborateurs, et encore moins de leur bien-être émotionnel ou de leur épanouissement spirituel. Il en existe cependant de plus en plus qui mettent progressivement en place des dispositifs de bien-être et de bonheur au travail, tel que le télétravail, l'accès à un coaching indépendant à la demande de l'employé, divers moyens de relaxation disponibles sur site, des solutions ergonomiques pour le poste de travail,... D'autres encore tentent de structurer et de véhiculer des valeurs d'entreprise qui permettent à tout un chacun d'effectuer une identification d'ordre spirituel. Toutefois, selon une étude européenne menée en 2012 par l'institut de sondage Gallup, il apparait que seulement 14 % des salariés se disent « *engagés* » dans leur travail, alors que 20 % sont « *activement désenchantés* » et 66% ne travaillent que pour leur salaire. Vraisemblablement, nous ne sommes encore qu'à l'aube de cette mouvance vers ce modèle « *d'entreprise libérée* » qui va assurément révolutionner dans les années à venir la logique des organisations traditionnelles.

D'une manière générale, force est de constater qu'à ce jour, la plupart des entreprises se sentent encore souvent uniquement légitimes vis à vis de la composante intellectuelle (ou encore cognitive), laquelle renvoie à l'ensemble des processus psychiques liés à l'esprit (comme le langage, la mémoire, la planification, le jugement, le raisonnement, l'organisation, ainsi que les fonctions de perception et de reconnaissance) et est orchestrée par notre cerveau dit « *logique* ». En effet, on observe souvent que l'entreprise va surtout s'atteler à l'organisation pratique du travail de façon à ce que chaque employé puisse exercer au mieux les tâches relatives à sa mission, en proposant uniquement des activités de développement des compétences requises pour ce faire.

Pourtant, dans le contexte des transformations organisationnelles, se préoccuper de la composante émotionnelle se révèle être particulièrement critique, même si pour la plupart des managers, elle semble généralement plus complexe à appréhender que la composante intellectuelle. En effet, nous l'avons compris à l'analyse ci-avant de la courbe du deuil de Kubbler Ross ainsi que du modèle des niveaux logiques de Dilts : un changement peut en fait générer autant d'émotions différentes qu'il y a d'individus impactés par celui-ci.

Il y a donc bien lieu de considérer pleinement ce phénomène parfaitement humain et donc incontournable, en vue de réussir les transformations. Mais au fait, avez-vous une idée du nombre d'émotions qu'un homme peut ressentir par jour ????

Jusqu'à 250.000 !!!

En réalité, nos émotions se succèdent à une vitesse phénoménale : repensez à toutes les émotions que vous avez ressenties depuis votre réveil….et à l'instant présent : vous ressentez peut être de la curiosité, de l'amusement, voire même de l'agacement à la lecture de ces quelques lignes. Ce nombre reste cependant très subjectif et doit être considéré avec précaution, car la véritable difficulté consiste en fait à définir exactement ce qu'**est** une émotion.

« … Chacun sait ce qu'est une émotion, jusqu'à ce qu'on lui demande d'en donner une définition. A ce moment-là, il semble que plus personne ne sache… ».

James Russel

Dans la littérature spécialisée, on relève pas loin d'une centaine de définitions possibles. Et l'absence d'une définition précise complique souvent les discussions, même entre experts ! Aussi, dans l'optique de simplifier notre approche, nous nous contenterons de la définition du psycho-comportementaliste Paul Ekman qui fut l'un des pionniers dans l'étude des émotions et leurs relations aux expressions faciales. Pour lui, les émotions de base sont des entités psychophysiologiques et comportementales discrètes et individualisées, qui existent en nombre fini (on s'accorde généralement à dire qu'il en a dénombré au moins sept).

Ces émotions de base ont en commun un déclenchement rapide, une courte durée, une survenue spontanée, et sont causées par des événements précis et généralement inattendus. Il s'agit de :

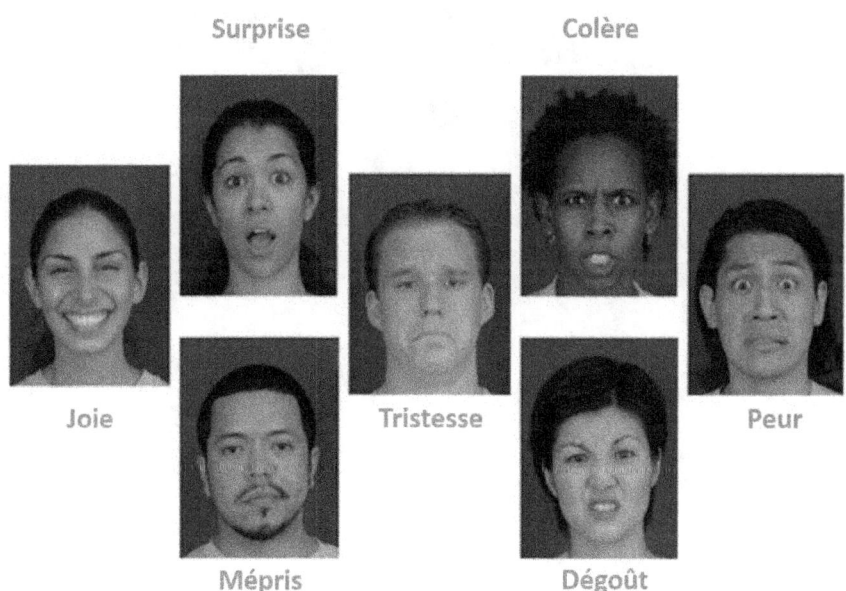

Les émotions de base de Paul Ekman

Ces émotions de base peuvent ensuite s'exprimer à divers degrés d'intensité et se combiner l'une à l'autre pour former des émotions dérivées (on doit ce modèle à Robert Plutchik). Par exemple :

- Tristesse et peur combinées forment « *désespoir* ».
- Peur et surprise combinées forment « *crainte* ».
- Surprise et colère combinées forment « *indignation* ».
- etc ...

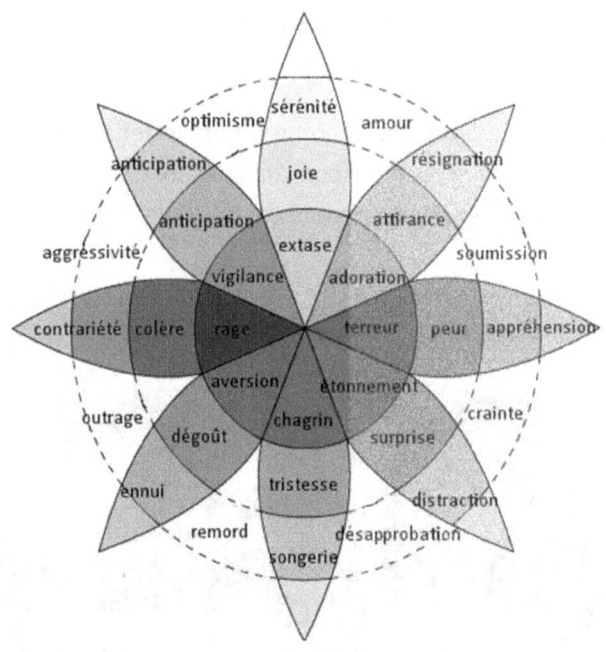

La roue des émotions de Robert Plutchik

Pour poursuivre sur la composante émotionnelle, je vous propose de nous tourner à présent vers le monde des neurosciences.

En tentant de comprendre le fonctionnement de notre cerveau, celles-ci nous permettent d'apporter une explication aux réactions émotionnelles qui peuvent surgir face à un changement et qui sont susceptibles de générer des résistances capables de freiner, voire même de bloquer un processus de transformation. Pour dès lors bien comprendre cet apport fondamental des neurosciences, il y a lieu de procéder à un retour dans le temps pour découvrir les éléments structurants du fonctionnement de notre cerveau ainsi que de son évolution.

Commençons par nos réflexes de base : ils sont provoqués par notre cerveau dit « *reptilien* » (appelé également « *primitif* »), qui est en fait le centre de l'instinct de conservation lié à la survie (pouvant provoquer des réactions de fuite, de lutte, etc...). Sa mission est de nous protéger contre toutes les formes de danger qui nous menacent, avant même de se préoccuper de nos besoins primaires pour vivre (comme par exemple se nourrir). Ne disposant que d'une mémoire fonctionnant à très court terme, le cerveau reptilien va induire des comportements rigides, qui ne présenteront aucune souplesse d'adaptation et resteront insensibles à l'expérience. Un danger se représentant de même façon produira donc systématiquement une réaction identique dans notre chef.

Vient ensuite notre cerveau « *limbique* » (appelé également « *émotionnel* »), qui est le centre des émotions et de l'affectivité, ainsi que le siège principal de la conscience et de l'apprentissage. Son rôle consiste à gérer nos impulsions émotionnelles. Contrairement au cerveau reptilien, le limbique dispose d'une mémoire à long terme, qui nous offre la flexibilité d'adapter nos comportements dans les différents environnements sociaux auxquels nous sommes confrontés. Il n'est donc pas instinctif, mais plutôt « *socio culturel* ». Il va stocker nos souvenirs et permettre la création d'automatismes face aux mêmes expériences. Il est d'ailleurs intéressant de constater que des souvenirs même lointains subsistent lorsqu'ils sont associés à la survenance d'une émotion forte (vous vous rappelez sans doute où vous étiez et ce que vous faisiez le jour des attentats de New-York, de ceux de Paris ou de Bruxelles). Par contre, notre cerveau limbique restera imperméable à toutes formes de logique.

Enfin, notre « *cortex* » (appelé également le cerveau « *logique* ») constitue le centre de la pensée et de l'imaginaire. C'est le siège du langage, de l'élaboration des plans d'actions créatifs ainsi que des nouvelles stratégies. Par rapport aux animaux pour lesquels le cortex n'apparaît qu'à l'état d'ébauche plus ou moins évoluée selon les espèces, il présente chez l'homme une certaine souplesse qui lui permet de répondre de manière originale et créative (et donc également imprévisible) aux diverses problématiques posées. Contrairement au cerveau émotionnel, Il peut réagir de différentes manières lorsque nous vivons les mêmes expériences, en libérant notre fonction imaginaire. Il représente la conscience et la capacité symbolique (c'est-à-dire le pouvoir de « remplacer » certaines choses par d'autres), qui lui offrent entre autres ces possibilités de création.

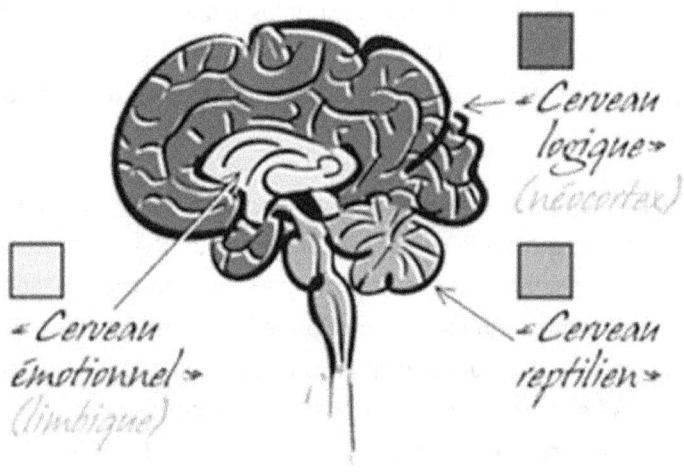

Les « trois cerveaux » de l'homme

Un des grands apports des neurosciences consiste en la découverte de l'existence de relations entre nos différents cerveaux survenues au cours du développement de la masse cérébrale de l'espèce, et plus particulièrement entre le limbique et le cortex. Notre cerveau limbique joue en fait un rôle sélectif (une sorte de fonction de « filtre ») dans le traitement des informations qui nous arrivent, selon leur tonalité émotionnelle, et dispose d'une certaine autonomie par rapport au cerveau cortex. Dans certaines situations, nos émotions pourraient avoir une propension à l'emporter sur notre raison (c'est à dire sur nos fonctions cognitives) : c'est le cas par exemple lorsque nous ressentons une grosse colère qui ne va pas nécessairement disparaitre par voie de raisonnement, et au cours de laquelle il peut nous arriver de proférer vers autrui des paroles qui dépassent largement notre pensée ... ! En fait, dans un tel moment, le cerveau limbique est capable de prendre le contrôle (au travers de l'amygdale, qui est un ensemble de noyaux sous corticaux) sur le cerveau logique et de le « *débrancher* » (en neutralisant l'hypothalamus), pour nous faire accomplir des gestes contraires au bon sens. Et Il peut en être ainsi avec toutes les émotions que nous pouvons ressentir, à l'exception de la peur. Car dans ce cas, ce sera le cerveau reptilien (responsable des réflexes primitifs comme le combat ou la fuite) qui va veiller à nous protéger des « *dangers perçus* » avant même que nous soyons en mesure de consacrer de l'énergie à toutes autres activités.

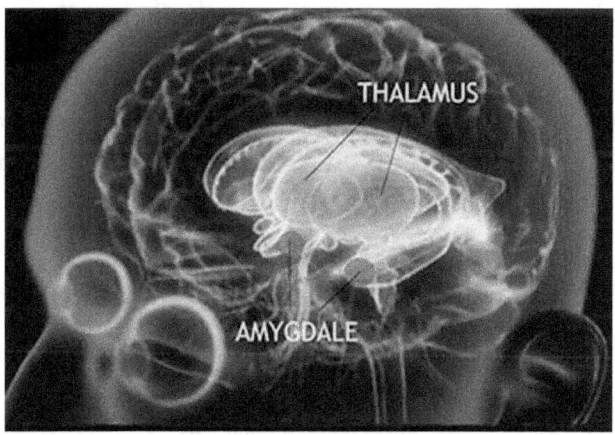

« ... Des émotions dont nous perdons le contrôle peuvent rendre stupides les gens les plus intelligents... »

Daniel Goleman

Cette prise en otage du cortex par le limbique s'effectue par la libération de certaines hormones (appelées « *neurotransmetteurs* ») lorsque nous ressentons des émotions fortes. Il s'agit entre autres de :

- L'endorphine ou la dopamine, qui sont relatives au bonheur.
- Le cortisol, lequel est lié au stress.
- L'ocytocine, qui est l'hormone de l'amour.
- L'adrénaline, qui est générée par l'enthousiasme et l'excitation.
- L'acétylcholine, qui est provoquée par le sentiment de calme.
- ….

Nous pouvons donc considérer que certaines émotions sont plutôt génératrices d'énergie, et nous permettent d'être plus performants, tandis que d'autres peuvent consommer notre capital énergie et nous affaiblir. Par exemple, lorsque nous sommes trop stressés ou anxieux, un excès de cortisol peut réduire nos facultés logiques et nous rendre moins performants. Il vous est probablement déjà arrivé de vous demander après une entrevue difficile : «*… mais pourquoi n'ai-je donc pas dit ceci ou répondu cela… ?* ». Ou encore, après un discours face à un public, de vivre le sentiment d'avoir omis de dire des choses essentielles … ?

Pourtant, toutes les émotions présentent une fonction nécessaire pour l'homme. Et à ce titre, il n'est d'ailleurs pas correct à mon sens de tenter de les qualifier de « *positives* » ou de « *négatives* ». Par exemple, la peur peut nous permettre de fuir un danger… la colère peut induire en nous une illusion de puissance et d'invulnérabilité… et l'énervement peut nous autoriser à nous surpasser face à un défi.

La question n'est donc pas de savoir si les émotions sont positives ou négatives, mais elle est plutôt de comprendre comment ne pas se laisser dominer par certaines d'entre elles ?

Car nous l'avons vu : les transformations organisationnelles et les changements qu'elles induisent peuvent générer de la peur, de la colère et du stress dans le chef des acteurs impactés, avec pour conséquence d'affecter directement leur raisonnement, leur analyse, leur jugement,

... par la faute d'un excès d'énergie produite. La prise en otage de toutes ces capacités qui sont le privilège du cerveau cortex créera un déficit cognitif qu'il deviendra assez difficile de contrôler. Il y a donc lieu de prendre en considération ces phénomènes lorsque nous y sommes confrontés en tant que pilote de la transformation, car souvent, c'est ce déséquilibre émotionnel qui sera source d'une rupture de l'harmonie entre les quatre composants fondamentaux qui structurent les individus (le physique, l'intellectuel, l'émotionnel et le spirituel), et impactera négativement leur résilience. Comment dès lors parvenir à éviter ce déséquilibre émotionnel ?

Développer son intelligence émotionnelle constitue assurément un bon moyen d'y arriver. Nous venons de l'évoquer, nous nous trouvons en permanence, même si nous n'en avons pas pleinement conscience, dans un certain état émotionnel. Les neurosciences nous démontrent en effet qu'un être humain sans émotion, n'est en fait pas en mesure de diriger sa vie et de prendre des décisions même les plus élémentaires, comme choisir entre un café ou un thé ...

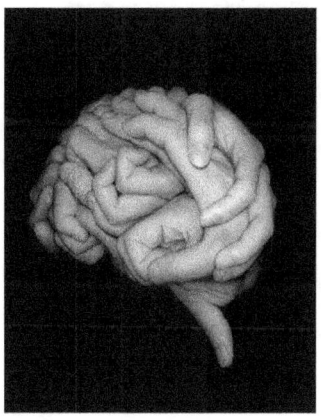

Le QE : le quotient émotionnel

Bien gérer son intelligence émotionnelle consiste donc avant tout à ne pas se laisser submerger par ses émotions, mais aussi à être capable de transcender les émotions désagréables et pouvoir susciter des états émotionnels sources d'énergie. Pour John D. Mayer et Peter Salovey (deux psychologues américains qui ont développé les premiers modèles d'intelligence émotionnelle), l'intelligence émotionnelle est :

« ... l'habileté à percevoir et à exprimer les émotions, à les intégrer pour faciliter la pensée, à comprendre et à raisonner avec les émotions, ainsi qu'à réguler les émotions chez soi et les autres... »

Partant de cette définition, nous pouvons décomposer le concept d'intelligence émotionnelle en quatre axiomes fondamentaux. En comprenant et en maîtrisant ceux-ci, il est possible de tendre vers une certaine « *sagesse émotionnelle* », qui peut nous être très utile, même bien au-delà du contexte des transformations organisationnelles. Comme par exemple dans la gestion des relations avec autrui, mais aussi dans la façon même de diriger consciemment notre vie vers les objectifs que nous nous sommes fixés.

Il y a donc ici deux dimensions à prendre en considération :

- Soi et les autres d'une part.
- La conscience et l'action d'autre part.

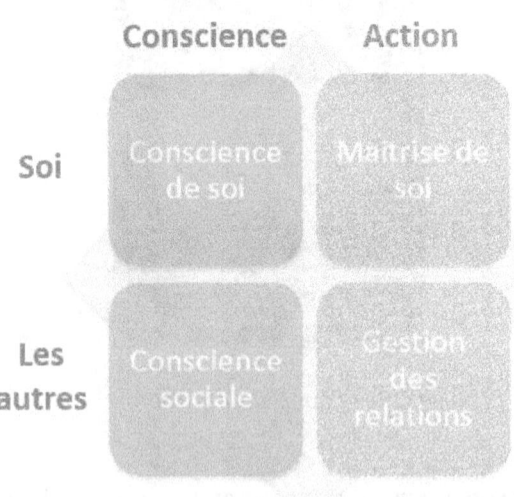

Modèle d'intelligence émotionnelle inspiré de Mayer et Salovey

<u>La conscience et l'action pour soi-même :</u>

Il y a avant tout lieu d'être **conscient** des émotions que nous ressentons : c'est le point de départ indispensable pour développer son intelligence émotionnelle. Au plus tôt nous serons en mesure de sentir l'apparition d'une émotion, au plus rapidement nous pourrons parvenir à la maitriser. Je vous propose d'effectuer ce petit exercice : essayez de prendre conscience de ce que vous ressentez à l'instant présent... Et ensuite tentez de le définir en le décrivant précisément. Reconnaître ses émotions consiste donc à comprendre la cause à l'origine de l'émotion que nous ressentons et dont nous avons pris conscience. Il s'agit d'appréhender le type de pensées qui génère en nous un tel état émotionnel et pas un autre, en déterminant par exemple la façon dont elle se manifeste physiquement chez nous (une boule dans la gorge, les membres qui tremblent, ...), en identifiant son intensité, en mesurant sa durée, en déterminant la manière dont elle a disparu, etc ...

Dans un deuxième temps, il est nécessaire de **maîtriser** ses émotions. Une recette pour y parvenir consiste à observer ses pensées. À cette fin, de nombreux outils existent comme la PNL, la relaxation ou encore la méditation.

Attardons-nous quelques instants sur cette dernière... Matthieu Ricard est depuis quelques années une des figures emblématiques du bouddhisme tibétain en Europe. Ce Français, proche du dalaï-lama, est docteur en génétique cellulaire mais également membre actif de l'Institut américain « *Mind and Life* », dont l'objectif est de faire progresser la collaboration entre le bouddhisme et la science moderne. À ce titre, Matthieu Ricard participe régulièrement à des travaux de recherche sur les effets de la méditation sur le cerveau et sur le corps, en qualité de chercheur mais également en tant que sujet même d'expériences (notamment à l'aide des techniques d'imagerie mentale). Ces dernières ont d'ores et déjà permis d'aboutir à diverses conclusions intéressantes :

- Notre cerveau évolue en permanence selon nos propres expériences et génère de nouveaux neurones (il s'agit du principe de « *neuroplasticité* »).
- Il est possible de cultiver l'esprit (notamment par la méditation) afin de pouvoir canaliser nos émotions consommatrices d'énergie et de développer des émotions sources d'énergie.
- Vingt minutes de pratique journalière de méditation suffisent pour obtenir une diminution de l'anxiété, du stress ou de la tendance à la colère.

En considérant que notre cerveau peut faire l'objet de modifications suite à un entrainement, ce principe de « *neuroplasticité* » bouleverse un des fondements historiques des neurosciences selon lequel celui-ci contient tous ses neurones à la naissance et que leur nombre ne peut être modifié par les expériences vécues. Par un travail (tel que la méditation), il serait donc possible de transformer l'agitation par le calme ou encore la haine par la compassion... exactement au même titre que l'on peut faire progresser son corps dans l'optique d'une performance sportive. Pour le bouddhisme, « *méditer* » signifie d'ailleurs « *cultiver* »...

Mais il n'y a pas nécessairement lieu de devenir moine bouddhiste pour pouvoir pratiquer la méditation. Il appert que de nombreux dirigeants d'entreprise ont intégré la méditation en pleine conscience de façon quotidienne dans leur pratique managériale, non pas par effet de mode, mais bien pour accroitre leur leadership (c'était le cas par exemple pour Steve Jobs). En fait, la méditation consiste à tourner intentionnellement son esprit vers le moment présent, vers ses sensations internes mais également ses perceptions. C'est un état dans lequel on ne cherche pas à analyser ou à élaborer des schémas de pensées, puisque l'attention est uniquement focalisée sur l'expérience vécue, observée et éprouvée, sans filtre, sans jugement et sans attente. La pratique régulière de la méditation en pleine conscience permet de développer des capacités de recul et de modulation envers les émotions consommatrices d'énergie. Elle nous permet également de vivre « *ici et maintenant* ».

Loin d'être une invitation à la paresse, vivre le moment présent exige rigueur et effort pour un contrôle de l'attention qui nous libère des dérives de pensées dans le passé ou le futur, et ainsi nous permet de se focaliser sur la préoccupation du moment.

La conscience et l'action pour les autres :

Avoir de l'intelligence émotionnelle, c'est aussi pouvoir faire preuve d'empathie. Pour Carl Rogers, psychologue humaniste américain :

« ...être empathique consiste à percevoir avec justesse le cadre de référence interne de son interlocuteur ainsi que les raisonnements et émotions qui en résultent... C'est-à-dire capter la souffrance ou le plaisir tels qu'ils sont vécus par l'interlocuteur, en percevoir les causes de la même façon que lui... ».

Par extension, l'empathie désigne également la capacité de ressentir et montrer soi-même une émotion appropriée en réponse à celle exprimée par autrui, et donc de réguler ses propres réponses émotionnelles. Si l'on fait référence au modèle de Dilts, il s'agirait de pouvoir décoder la partie « *non-visible* » de l'iceberg de son interlocuteur (ses croyances, ses valeurs, ... soit les raisons pour lesquelles il se comporte de telle ou telle manière), tout en adaptant ses propres comportements en conséquence, en guise de réponse.

L'empathie est la capacité à se mettre à la place d'autrui

Pour être empathique, il faut nécessairement :

- Pratiquer l'écoute active, c'est-à-dire écouter l'autre avec pour seul objectif de comprendre le message qu'il cherche à faire passer.
- Observer l'autre, en tenant compte de la communication non verbale, qui représente plus de 90 % du contenu d'un message (avec près de 80 muscles dans le visage, il existe plus de 250.000 micro expressions possibles).
- Concentrer son attention vers autrui avec bienveillance.
- Ne pas se laisser influencer par son propre cadre de référence (son « *iceberg* ») afin d'éviter les jugements de valeurs hâtifs.
- Faire preuve d'altérité, c'est-à-dire reconnaitre, accepter et comprendre les perspectives d'autrui (et donc les différences avec soi-même).

Au-delà de la conscience sociale, Il est également important de bien gérer la relation. Ceci passe notamment par la prise en compte du style personnel de communication de l'autre, mais également par le contrôle du notre. En fonction du contexte, il sera en effet parfois requis de sortir de notre style de prédilection (qui est en fait notre manière de communiquer « *par défaut* », inhérente à notre personnalité) et d'adopter un style plus approprié à l'autre, pour réussir une communication. Les styles personnels de communication désignent différentes combinaisons de traits activés dans des situations sociales, qui constituent la façon d'interagir avec les autres, reconnue au travers de comportements observés et qui donnent (de façon volontaire ou non) des indications sur la manière dont le message sera entendu, interprété et compris par l'autre. La communication se compose du :

- Verbal : vocabulaire employé, tournure des phrases, …
- Para verbal : ton utilisé, amplitude de la voix, rythme, timbre, débit de parole, …
- Non verbal : expression faciale, contact des yeux, gestes, distance, posture, …

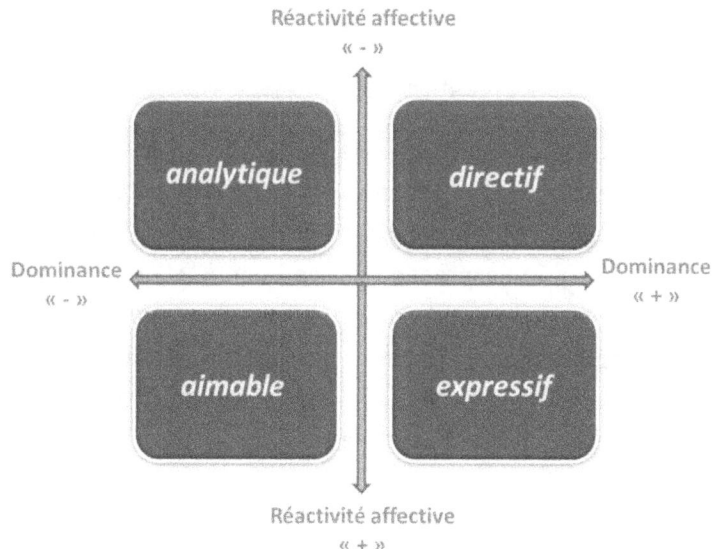

Les styles personnels de communication de Merrill & Reid

Les styles personnels de communication s'articulent autour de deux dimensions :

- La dominance : c'est l'habilité qu'a un individu à formuler des demandes, à exprimer ses sentiments, à défendre ses positions, à engager, maintenir ou terminer une conversation. Cette tendance se manifeste par des comportements qui relèvent davantage de l'affirmation de soi que de l'écoute, et une volonté de prendre le contrôle dans les interactions sociales. À l'opposé (« - »), on va retrouver davantage une position d'observateur, de celui qui demande des précisions, des explications et formule des affirmations nuancées. Cette position est perçue comme celle d'une personne qui n'exprimera ses opinions que lorsque la situation l'exigera.
- La réactivité affective : c'est la facilité qu'a un individu à exprimer ouvertement des réactions émotionnelles et à entrer en résonnance avec les émotions des autres. Cette position est perçue comme celle d'une personne soucieuse des autres et capable de faciliter l'échange. À l'opposé (« - »), on va retrouver davantage une prise de position plus rationnelle, dans les faits.

Quels sont les quatre styles personnels de communication ?

Le **style analytique** combine un faible degré de dominance et peu de réactivité affective. Il s'agit d'un style de communication systématique, logique et rationnel, sans perte de temps pour des échanges d'opinions et l'expression de sentiments. L'interaction est basée sur le questionnement des faits. Les personnes adoptant ce style sont plutôt perçues comme étant sérieuses, pertinentes et objectives, mais également froides, distantes et impersonnelles. Elles dégagent une impression générale de « *contrôle* ».

Le **style directif** combine un haut degré de dominance et peu de réactivité affective. Il s'agit d'un style de communication pragmatique, centré sur l'action et les résultats, avec détermination et assurance, sans perte de temps pour les discussions abstraites. L'interaction est basée sur l'expression des faits. Les personnes adoptant ce style sont généralement perçues comme étant pratiques, efficaces, énergiques, rapides et décidées mais aussi impatientes, dures et autoritaires. Elles dégagent une impression générale de « *conviction* ».

Le **style aimable** combine un haut degré de réactivité affective et peu de dominance. Il s'agit d'un style de communication spontané, chaleureux, sensible et perspicace, en tentant d'éviter les conflits. L'interaction est basée sur le questionnement des émotions. Les personnes adoptant ce style sont plutôt perçues comme étant compréhensives, de bonne volonté, capables de considération pour autrui mais aussi influençables, ayant peu d'assurance et parfois hésitantes. Elles dégagent plutôt une impression de « *douceur* ».

Le **style expressif** combine un haut degré de dominance ainsi qu'un haut degré de réactivité affective. Il s'agit d'un style de communication imaginatif, enthousiaste, mais parfois provoquant et difficile à suivre. L'interaction est basée sur l'expression des émotions. Les personnes adoptant ce style sont généralement perçues comme des personnes stimulantes, ouvertes et créatives mais aussi indisciplinées, impulsives et égocentriques. Elles dégagent également une impression générale d'« *intensité* ».

Pour développer son empathie, il est non seulement important de bien connaitre son propre style de communication « *par défaut* », mais aussi de pouvoir décoder celui de l'autre afin de s'y adapter si nécessaire. En effet, passer d'un style à l'autre peut permettre de « *débloquer* » des situations sociales sans issue, provoquées par exemple par la confrontation de deux styles opposés (un style « *expressif* » pourrait se sentir frustré par un style « *analytique* », et vice et versa). L'usage de techniques de communication simples (le message « *je* », la méthode DESC, la CNV, les niveaux de communication, l'écoute active, …) s'avère ici utile pour pouvoir changer aisément de style.

En conclusion, la troisième clé peut se traduire en la posture managériale suivante :

- Faciliter le vécu de la transformation en expérience optimale (« *flow* »).
- Soutenir l'équilibre des composants fondamentaux (physique, intellectuel, émotionnel, spirituel).
- Générer les émotions sources d'énergie et maitriser les émotions consommatrices d'énergie.
- Développer l'intelligence émotionnelle.

5. LA QUATRIÈME CLÉ : PRÉVOIR UN DISPOSITIF DE PILOTAGE APPROPRIÉ

« ...celui qui ne sait pas où il va se retrouve ailleurs... »

Robespierre

Nous venons d'évoquer trois clés à mon sens fondamentales pour bien réussir les transformations organisationnelles. Elles sont toutes les trois clairement relatives à la nature humaine (s'agissant de l'adoption, du comportemental et de la résilience) et donc plutôt de l'ordre de l'intangible, dimension trop souvent négligée dans une approche généralement classique d'un projet de transformation, de nature plutôt rationnelle. Nous allons à présent voir que sans un pilotage strict de toutes les activités inhérentes aux trois clés que nous venons de développer, leur impact risquerait fort d'être très réduit. Et comme l'indique cette citation de Robespierre, d'hypothéquer sérieusement les chances d'atteindre la vision cible.

Très souvent, lorsque j'étais appelé à intervenir sur des projets de transformation organisationnelle qui ne parvenaient pas à rencontrer les attentes, j'étais rapidement amené à faire le constat qu'ils étaient en fait principalement structurés autour des livrables « *durs* » (le nouvel outil, les processus révisés, les modifications de fonction, la nouvelle organisation, ...), sans avoir intégré dans leur pilotage un véritable dispositif d'accompagnement du changement. De même, bien souvent, le management songeait : « *...qu'il était temps de faire un petit quelque chose pour accompagner le changement ...* », alors que les premiers livrables des projets commençaient à être mis en production ! Or, si le vécu du changement par les collaborateurs est influencé par les nouvelles perspectives intrinsèques à la transformation, il l'est également par la qualité du dispositif de mise en œuvre.

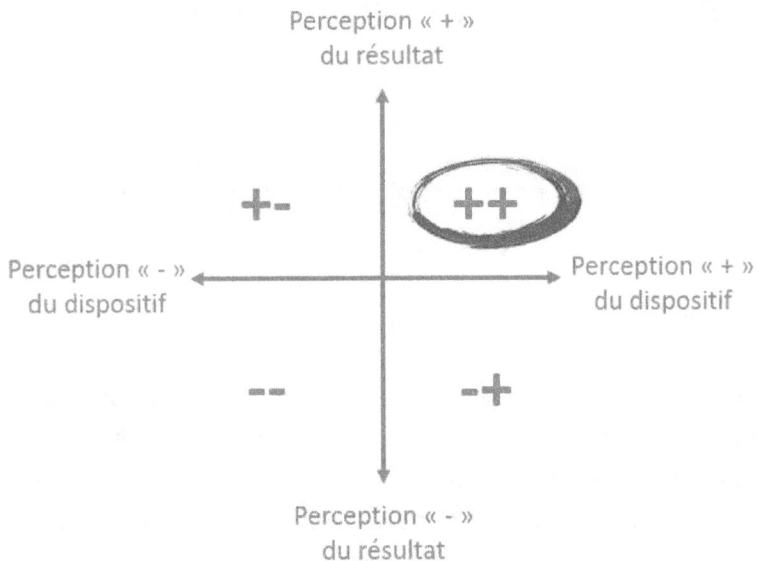

Le dispositif d'accompagnement du changement est tout aussi impactant sur les personnes que l'objet même de la transformation

Idéalement, ce dispositif se devrait d'être piloté comme un programme, suivant une feuille de route des livrables de la transformation consolidés et structurés selon les populations impactées, telles qu'identifiées dans le cadre de la première clé. Aux côtés des activités relatives au développement de la solution, Il y aura lieu d'intégrer les diverses activités d'adoption définies en fonction des moments de vérité, de même que celles conçues pour l'intégration des nouveaux comportements attendus et le développement de la résilience (deuxième et troisième clés).

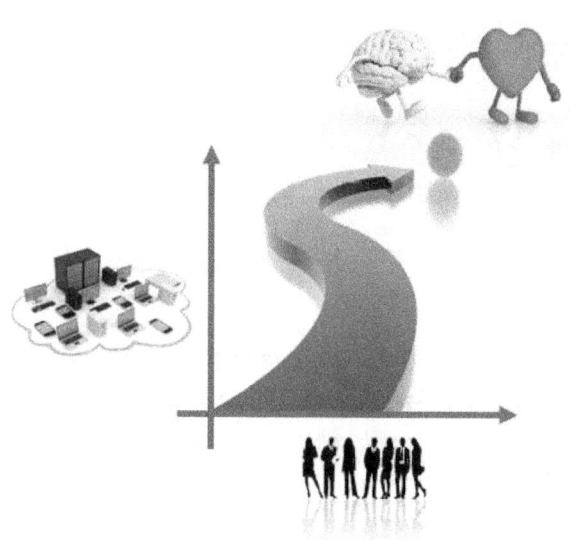

« ...The hard stuff is easy, the soft stuff is hard... »

Il va également de soi qu'un soutien authentique de la démarche de transformation par le top management est requis, ainsi qu'une gouvernance capable de prendre des décisions aussi radicales que l'arbitrage des plannings entre les projets contributeurs à la transformation. Ces mesures sont notamment nécessaires lorsque les populations impactées ne peuvent humainement pas absorber le rythme des changements qui leurs sont proposés (comme par exemple : devoir participer à une formation sur les changements d'outils au moment du déménagement vers le nouveau site ...).

Les conclusions d'études menées par les différentes sociétés de conseil sur les causes d'échec des projets de transformation sont éloquentes à ce sujet ....

The reasons behind a failure [*]	
• Company culture	54 %
• Inappropriate organisation	48 %
• Employee resistance	46 %
• Resistance towards top management	45 %
• Fear	43 %
• Too significant change	36 %
• Inefficiency of the performance monitoring system	33 %
• Unability to maintain dynamism	23 %
• Previous project failure	21 %

Price Waterhouse Coopers, Survey 2010

La solution optimale pour le pilotage d'une transformation organisationnelle passe donc inévitablement par un bon équilibre entre les activités et les livrables « *durs* », et les activités dites « *soft* », en ayant bien veillé à avoir préalablement effectué un diagnostic sur l'impact des changements pour chaque population cible identifiée (cfr la première clé). Cet équilibre pourra être atteint assez facilement, sans engager de budgets importants, en tendant à respecter trois étapes élémentaires.

La **première étape** consiste en la mise en place d'une organisation en mode programme pour gérer la transformation. Cette organisation va assurer la coordination des plannings de l'ensemble des projets contributeurs à la transformation organisationnelle (IT, RH, Logistique, etc ...), avec pour objectif d'éviter les « *télescopages* » entre livrables. Le programme est une structure entièrement dédiée à la transformation (« *do the right things* ») et prend place aux côtés de l'organisation opérationnelle (« *do the things right* ») de façon indépendante. Il ne traite que les aspects de la transformation et n'a aucune responsabilité vis-à-vis de la gestion du quotidien (le « *day to day* »).

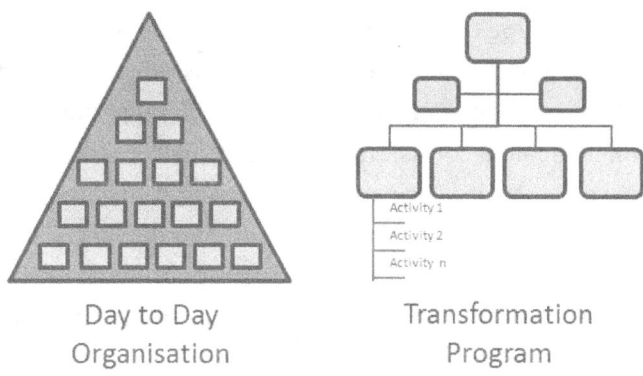

Day to Day
Organisation

Transformation
Program

Deux organisations distinctes pour l'opérationnel et la transformation

Il dispose de son propre budget, de ses ressources dédiées (il peut également s'agir de collaborateurs ayant également une responsabilité opérationnelle, mais pour lesquels une partie de leur temps est structurellement libérée pour se consacrer à la transformation) et de sa gouvernance spécifique (si le comité de pilotage coïncide avec l'équipe dirigeante, il y a lieu de bien scinder les agendas entre « *opérationnel* » et « *transformation* »). Enfin, une cellule d'accompagnement du changement est positionnée en staff du Directeur de Programme. Celle-ci peut coexister avec la cellule PMO, mais sera composée uniquement d'un petit nombre d'experts en accompagnement du changement.

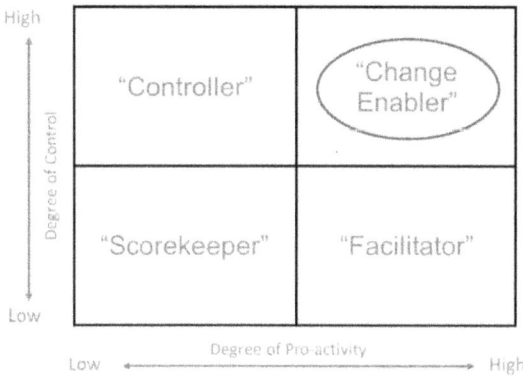

Un PMO aux compétences élargies à l'accompagnement du changement

La **seconde étape** consiste à effectuer un relevé de l'ensemble des projets qui touchent de près ou de loin à la transformation afin de les regrouper fonctionnellement sous la structure du programme. Une toute première analyse consistera à s'assurer que l'ensemble des priorités stratégiques de la transformation soient bien couvertes par des projets veillant à leur réalisation et à vérifier dans quelle mesure certains projets ne rencontrant aucune de ces priorités ne devraient pas être arrêtés. Ensuite, afin de constituer une feuille de route consolidée au niveau du programme (un « *macroplanning* »), il y aura lieu de collecter les plannings et les grands jalons de l'ensemble des projets, de même qu'un descriptif des livrables. Il faudra également assurer par après que leurs mises à jour soient régulièrement communiquées à la cellule en charge du dispositif d'accompagnement du changement en vue du maintien de ce « *macroplanning* » et de l'analyse des interdépendances entre projets. Les propositions d'ajustement ou d'arbitrage à soumettre au comité de pilotage relèvent de la responsabilité du Directeur de Programme.

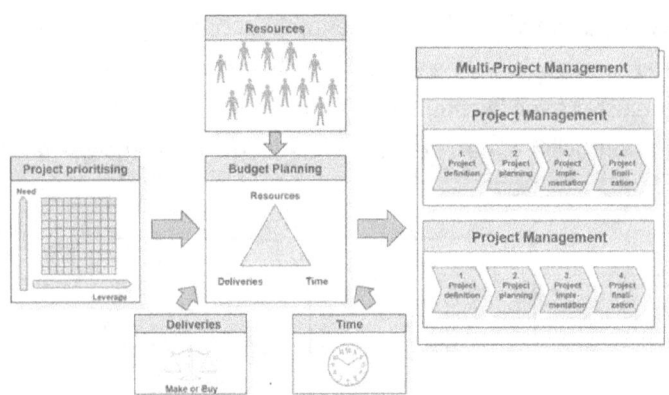

Relevé des projets contributeurs à la transformation

Lors de la **troisième étape**, la cellule en charge de la gestion du changement va élaborer la feuille de route consolidée de la transformation organisationnelle et les modalités de reporting nécessaires. Les plannings respectifs des livrables de l'ensemble des projets consolidés dans un « *macroplanning* » seront structurés selon les groupes cibles impactés. Les moments de vérité, les activités d'adoption, ainsi que les activités de développement des compétences et de la résilience y sont ajoutées de façon opportune. Cette feuille de route ainsi complétée doit devenir l'outil privilégié du pilotage de programme, à partir duquel les décisions d'arbitrage, de changement de priorité, de redéfinition de planning, d'adaptation des périmètres … sont prises par le comité de pilotage de la transformation. Elle permet également de mesurer les progrès de la transformation.

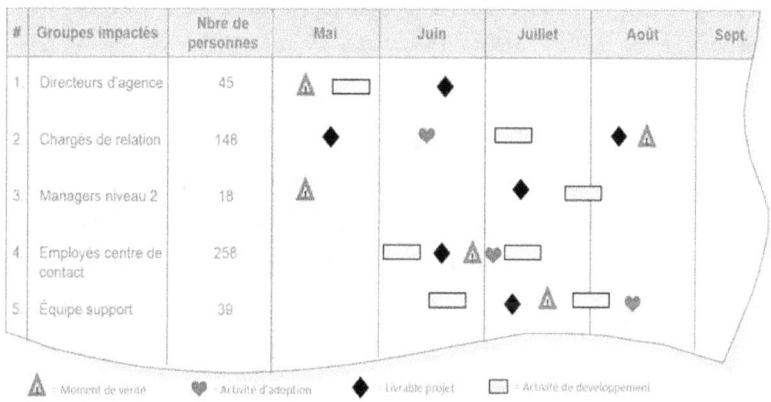

Feuille de route consolidée pour la transformation organisationnelle

En conclusion, la quatrième clé peut se traduire en la posture managériale suivante :

- Scinder les agendas opérationnels et de transformation.
- Mener des actions en parallèle sur les fronts « *Hard* » et « *Soft* ».
- Piloter la transformation via une « *transformation roadmap* ».
- Oser les arbitrages entre projets et les ajustements de planning.

6. LA CINQUIÈME CLÉ : ALIGNER LES OBJECTIFS INDIVIDUELS SUR LA VISION

« …Une vision qui ne s'accompagne pas d'actions n'est qu'un rêve.
Une action qui ne découle pas d'une vision c'est du temps perdu.
Une vision suivie d'action peut changer le monde … »

Nelson Mandela

Il existe encore un levier majeur pour assurer une mobilisation de tout un chacun vers l'action dans le cadre d'une transformation organisationnelle : il s'agit de faire en sorte d'aligner les objectifs individuels des collaborateurs concernés par le changement sur les priorités stratégiques de la transformation.

Au quotidien, chacun dans l'organisation travaille à l'atteinte des objectifs sur lesquels il s'est engagé vis-à-vis de sa fonction existante, en exécutant au mieux les tâches qui y sont associées. Comme nous l'avons évoqué dans le cadre de la seconde clé, la vision à atteindre par le biais de la transformation va impacter plus ou moins fortement tout un chacun dans son fonctionnement quotidien, en induisant des changements organisationnels, mais aussi comportementaux. Pour assurer une prise en considération de ces changements par les acteurs impactés, il y a lieu de veiller d'un point de vue managérial à aligner en permanence les deux cycles relatifs à la gestion de la performance collective et individuelle, existants de façon plus ou moins formelle au sein des entreprises.

Il s'agit :

1) Du **cycle organisationnel**, pour définir la vision et les priorités stratégiques au niveau de l'entreprise.

Cycle organisationnel

Le processus du cycle organisationnel se décline de la manière suivante :

- La vision et les priorités stratégiques sont définies par le « *top management* ».
- Celles-ci sont communiquées vers les différents départements de l'organisation.
- Les départements ont en charge la définition et le pilotage de leurs plans de transformation.
- Une revue stratégique est régulièrement initiée afin d'adapter la vision si nécessaire.

2) Du **cycle individuel**, pour permettre aux collaborateurs de définir les objectifs sur lesquels ils vont s'engager et de mesurer leur performance.

Cycle individuel

Le processus du cycle individuel se décline classiquement de la façon suivante :

- Chaque collaborateur s'accorde avec son manager sur sa contribution individuelle à l'effort de transformation, au travers d'objectifs.
- Le manager coache son collaborateur dans la réalisation de ses objectifs au cours du projet de transformation.
- Une appréciation sur la réalisation des objectifs est effectuée au terme des échéances prévues.
- Chaque collaborateur est ensuite récompensé pour sa contribution.

Il est donc primordial de veiller à un alignement permanent de ces deux cycles, par l'animation d'un dispositif managérial responsabilisant et participatif, où tout un chacun détermine sa contribution personnelle à la réussite collective de la transformation organisationnelle. Le rythme des changements étant de plus en plus rapide, il est également fondamental de réévaluer régulièrement la pertinence des objectifs individuels et de les adapter à ces changements. Par conséquent, il est de moins en moins réaliste de se contenter de respecter la fréquence annuelle généralement prévue dans un processus traditionnel de gestion de la performance.

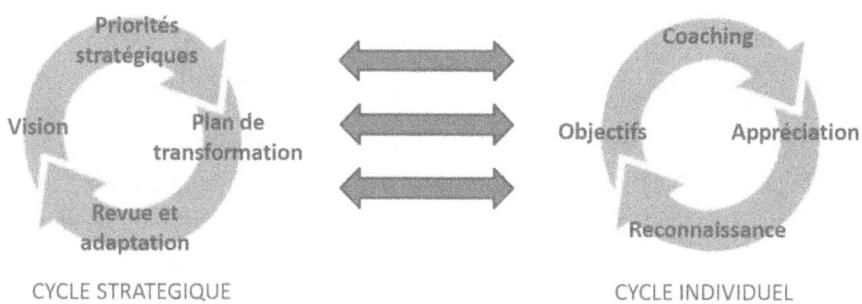

CYCLE STRATEGIQUE   CYCLE INDIVIDUEL

Alignement permanent des deux cycles

La dynamique vertueuse générée par l'alignement permanent des deux cycles facilite également la remontée des retours d'expériences du terrain, en vue d'alimenter le processus de revue stratégique pour ajuster la vision et les priorités.

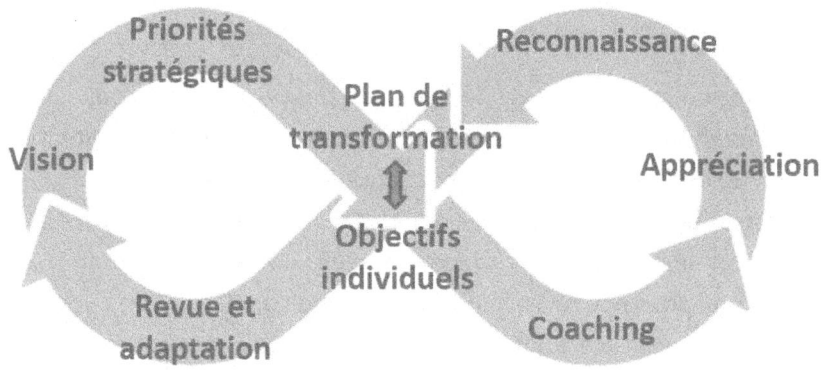

Dynamique vertueuse suite à l'alignement des deux cycles

La définition d'objectifs individuels liés au plan de transformation organisationnelle (en ce compris les objectifs de développement personnel relatifs à l'intégration des nouveaux comportements attendus), leur coaching et la mesure de leur réalisation, contribuent donc à la performance globale de l'entreprise. Ces objectifs ont une grande vertu lorsqu'ils inspirent et passionnent, mais aussi lorsqu'un climat de confiance existe entre tous, car ils permettent une projection mobilisatrice d'énergie pour tout un chacun, porteuse de sens.

Pourtant, dans le cadre des missions que j'ai eu l'occasion de mener en entreprise lors de mon parcours en conseil, il m'est régulièrement arrivé de constater que de nombreux managers ne prenaient pas assez conscience de l'importance de leur rôle de « relais » entre les deux cycles, en tant qu'animateur de la performance. Le cycle individuel était souvent considéré comme un exercice obligé, imposé par la RH, et le cycle stratégique comme une réflexion stratosphérique trop éloignée des réalités opérationnelles. A ce sujet, une enquête que nous avions menée à l'époque au sein d'une centaine d'entreprises belges démontrait que tel était bien le cas pour 79% d'entre elles (*biannual TPM survey - source GITP*). Une autre réalité fréquemment observée, selon la culture d'entreprise et le niveau de maturité managériale, était la nature encore parfois très « *directive* » et peu concertée de l'exercice de déclinaison des priorités stratégiques en objectifs individuels, ainsi que l'absence de remontée des retours d'expériences vécues sur le terrain.

Dans un futur proche, le déploiement progressif du concept d'entreprise libérée (qui fait clairement partie de la prochaine évolution des modèles d'organisation) devrait sensiblement améliorer cette situation, puisqu'il se caractérise par plus d'autonomie, de liberté, d'agilité et de responsabilités décentralisées. Il va inévitablement induire une profonde révision des processus de pilotage et de gouvernance en place aujourd'hui. Dans l'attente, une posture managériale appropriée devrait permettre de faire en sorte que ces objectifs individuels soient surtout une source de motivation, servant à donner du sens au travail, à la vision et stimulant l'engagement et la passion de tout un chacun. Ce sera le cas si les conditions de réalisation sont également réalistes et propices à l'épanouissement, si un véritable coaching est assuré en permanence, de même que si les résultats et les efforts sont appréciés avec objectivité, dans un esprit de dialogue et de soutien, et non dans une logique de sanction.

À ce sujet, il est utile de rappeler les quelques pièges à éviter lors d'un entretien d'appréciation, qui doit avant tout permettre d'identifier les points de progrès et de développement des collaborateurs :

- L'effet « *Halo* », qui se produit lorsqu'une seule observation favorable rend l'appréciation de toutes les compétences positive.
- L'effet « *Horn* », son opposé, pour lequel une observation défavorable rend l'appréciation de toutes les compétences négative.
- L'effet « *récent* », relatif à une appréciation dominée par l'observation la plus récente.
- La projection, qui consiste à attribuer à autrui ses propres caractéristiques.
- Les stéréotypes.
- L'indulgence.
- La tendance à la neutralité.
- …

En conclusion, la cinquième clé peut se traduire en la posture managériale suivante :

- Traduire la vision en plans d'actions opérationnels.
- Inspirer et passionner pour la définition d'objectifs contributeurs à la transformation.
- Assurer un coaching permanent, source de progrès.
- Fêter les succès et récompenser la performance.

7. CONCLUSIONS

« ...Commencer par changer en vous ce que vous voulez changer autour de vous ... »

Gandhi

Voilà, tout est à priori en place pour réussir vos transformations organisationnelles !

Il ne manque rien ... Ou plutôt presque rien... Car on l'aura compris, le rythme et la profondeur des transformations appellent désormais clairement l'émergence de nouvelles compétences au sein des organisations dans le chef des managers, mais aussi des Ressources Humaines.

Pour ces dernières, il convient surtout d'agir dorénavant en agent du changement. En effet, le niveau d'exigence des compétences *« soft »* attendues dans le chef des managers est tellement élevé dans le contexte transformationnel permanent que nous connaissons, que l'on ne peut décemment pas exiger de chaque manager de devenir un Maitre Praticien en PNL. Plus que jamais, la RH a là un rôle majeur à jouer en soutien de ceux-ci, comme suggéré dans le modèle de Dave Ulrich.

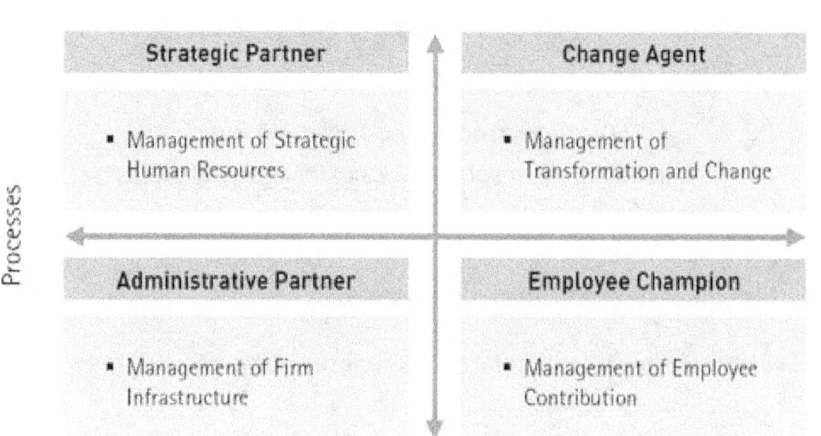

Future / Strategic Focus

Strategic Partner	Change Agent
▪ Management of Strategic Human Resources	▪ Management of Transformation and Change
Administrative Partner	Employee Champion
▪ Management of Firm Infrastructure	▪ Management of Employee Contribution

Processes — People

Day-to-Day / Operational Focus

« HR Role Model » de Dave Ulrich

Les managers impliqués dans les transformations organisationnelles se doivent quant à eux de présenter une palette de compétences de plus en plus large afin de pouvoir faire face aux attentes inhérentes à celles-ci. Par ailleurs, les besoins en développement de compétences spécifiques pour les managers doivent être adressés en priorité dans le cadre du dispositif d'accompagnement du changement mis en place.

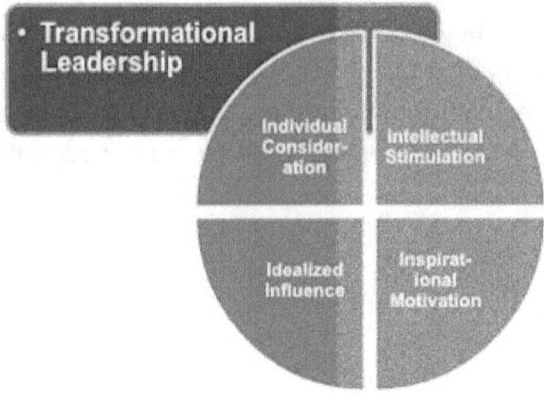

*Le leader transformationnel est mu par
son énergie et son enthousiasme – Bernard Bass*

Etre un leader transformationnel, c'est :

- Porter une vision de façon inspirante, enthousiasmante et réaliste, en donnant du sens.
- Mobiliser les collaborateurs pour forger une adhésion à la vision et l'envie de l'implémenter.
- Supporter leur développement et leur autonomie.
- Faire preuve d'intégrité, d'honnêteté et d'intelligence émotionnelle.
- Montrer l'exemple.
- Établir un climat de confiance.
- ...

D'un point de vue plus « *technique* », c'est aussi être capable de :

- Établir un diagnostic pointu de la situation.
- Traduire les priorités stratégiques de la transformation en plans d'actions opérationnels et en objectifs individuels SMART (Spécifiques, Mesurables, Acceptables, Réalistes, Temporels).
- Élaborer un plan d'adoption tenant compte d'une analyse d'impact des populations concernées et des « *moments de vérité* » de la transformation.

- Concevoir et animer un dispositif pour gérer les résistances et développer la résilience.
- Organiser une gouvernance au bon niveau décisionnel et d'obtenir le soutien des sponsors.
- ...

Pour que le changement reste une véritable source de progrès pour les organisations et les hommes, il est impératif de le gérer avec une bonne dose d'intelligence émotionnelle, en prenant pleinement en considération l'ensemble des facteurs humains en jeu. Les diverses études menées récemment pour tenter de comprendre les causes d'échec des projets de transformation sont unanimes à ce sujet. Dans le cadre de ce travail, j'ai tenté de partager avec vous ce que j'ai moi-même pu expérimenter comme étant des clés de succès pour les transformations organisationnelles. Elles ont avant tout pour vocation d'humaniser la gestion du changement, sans pour autant alourdir les budgets ou encore ralentir les plannings. De mes diverses expériences, je retiens surtout qu'un dispositif adéquat de gestion du changement dispose effectivement de sa propre proposition de valeur, à condition d'avoir été initié au début du processus de transformation.

Par l'entremise d'un outil d'évaluation basé sur un simple questionnaire, il est relativement facile d'évaluer l'efficacité de la stratégie de changement dans le cadre d'un projet de transformation organisationnelle (« *quick scan* »), et de pouvoir dans la foulée procéder aux ajustements nécessaires.

Dans le contexte de ce projet majeur au sein d'une compagnie d'assurance, un tel exercice de « *change readiness* » avait permis d'identifier à quel point les perceptions relatives à l'importance du changement ainsi que la compréhension des orientations stratégiques, étaient divergentes au sein même du comité de direction. Les écarts entre les réponses apportées individuellement à la simple question de savoir si l'on faisait face à un changement mineur ou majeur étaient particulièrement évocateurs. Par conséquent, la manière dont les messages étaient véhiculés vers l'organisation ainsi que la mise en route des plans d'actions ne présentaient que très peu d'unité et de cohésion. Les quelques sessions de travail avec l'équipe dirigeante qui s'en étaient suivies avaient permis d'une part d'aligner les visions, mais également de définir un dispositif et une gouvernance appropriés pour assurer le pilotage de la transformation.

En pratique, cet exercice d'évaluation de « *change readiness* » doit porter sur les différentes dimensions qui composent classiquement une stratégie de changement :

- Le **contenu** : il s'agit de l'ensemble des éléments « *tangibles* » de la transformation, tels que la vision, les priorités stratégiques, les solutions (processus, outils, modèle opérationnel, …) à mettre en place, ….
- Le **contexte** : cela englobe le cadre dans lequel l'entreprise évolue de même que les différents processus de mise en œuvre et de pilotage de la transformation, tels que le dispositif d'accompagnement du changement, la traduction des priorités stratégiques en objectifs individuels, la gouvernance, le plan d'adoption, la gestion de projet, le plan de communication, …
- Les **compétences** : il s'agit tout autant des compétences clés nécessaires dans le cadre de la vision cible que des compétences managériales primordiales pour piloter la transformation.
- La **culture** : c'est notamment répondre à la question de savoir dans quelle mesure la culture actuelle est compatible avec la vision cible, dans quelle mesure elle ne doit pas également évoluer et comment… ?
- La **conscience** : nettement moins tangible que ce qui précède mais néanmoins fondamentale, cette dimension consiste à évaluer à tous les niveaux de l'organisation le degré de prise de conscience de la nécessité de changer.

Il n'y a pas une recette unique pour réussir une transformation et il est déraisonnable de penser que la solution valable pour une entreprise puisse s'appliquer telle quelle à une autre, même si les composantes d'une stratégie de changement gagnante demeurent assez génériques.

En effet, le changement ne se gère pas d'une manière identique au sein d'une entreprise libérée ou d'une organisation hiérarchisée militairement : les approches doivent absolument être contextualisées.

Avant d'initier le dispositif d'accompagnement du changement, je recommande systématiquement de procéder à cet exercice de type « *quick scan* » en vue de définir la stratégie de changement la plus appropriée pour répondre aux enjeux de la transformation. Construit sur quelques interviews d'acteurs clés de l'organisation (le Comité de Direction, les promoteurs du projet de transformation, un échantillon de middle managers et de chefs d'équipe, ...) en vue d'évaluer les cinq dimensions que nous venons de décrire et d'analyser les écarts de perception, ce processus rapide se clôture par une restitution plénière vers les promoteurs du projet, complétée de recommandations afin de définir le dispositif d'accompagnement du changement le plus adéquat.

Depuis son origine, le changement a toujours été une source de progrès pour l'humanité. Il en va également ainsi pour le monde des entreprises même si dans ce contexte, le changement est souvent perçu négativement et présente un risque important de détruire plutôt que de développer. Pour se donner plus de chances de réussir le changement, il faut avant tout trouver le point d'équilibre entre la stabilité et la transformation organisationnelle, ce qui revient à aligner le rythme des changements nécessaires à l'entreprise avec la capacité d'absorption des hommes et des femmes qui en composent le tissu, et à définir une stratégie de changement adaptée à sa culture, à son degré de maturité managériale et à son modèle organisationnel.